Brigitte Romer-Schweers

IM FLUSS
Seele in Bewegung

CORONA
ALS CHANCE?

novum pro

Dieses Buch ist auch als
e-book
erhältlich.

www.novumverlag.com

Bibliografische Information
der Deutschen Nationalbibliothek:

Die Deutsche Nationalbibliothek
verzeichnet diese Publikation in
der Deutschen Nationalbibliografie.
Detaillierte bibliografische Daten
sind im Internet über
http://www.d-nb.de abrufbar.

© 2022 novum Verlag

ISBN 978-3-99107-952-1
Lektorat: Susanne Schilp
Umschlagfotos: Majivecka,
Christasvengel | Dreamstime.com
Umschlaggestaltung, Layout & Satz:
novum Verlag

Gedruckt in der Europäischen Union
auf umweltfreundlichem, chlor- und
säurefrei gebleichtem Papier.

www.novumverlag.com

Für meine Kinder und Enkel

INHALT

Panta rhei - alles fließt

Heraklit

VORWORT

In diesen Tagen stellten mir Menschen, die mitbekommen, dass ich ein Buch schreibe, mehrfach die Frage: „Wie bist du eigentlich auf die Idee gekommen?"

Meine Antwort kam spontan, ohne nachzudenken, und beim ersten Mal war ich selber überrascht. Sie lautete: „Bin ich nicht. Die Idee ist auf mich gekommen, und ich habe mich in ihren Dienst gestellt." Die meisten schauen mich dann irritiert an; kennen sie mich doch als geerdeten, pragmatischen Menschen, von dem sie solche Antworten nicht erwartet haben. Ich sehe, dass sie kurz überlegen und zu dem Schluss kommen, dass ich vermutlich nicht übergeschnappt bin, sondern allenfalls leicht verwirrt – und wechseln das Thema. Andere halten es für eine scherzhafte Antwort und mutmaßen, dass ich so weiteren Nachfragen entgehen will. Es gibt aber auch die, die das sehr spannend finden und gleich darum bitten, das Buch irgendwann lesen zu dürfen.

Je öfter ich jedoch diese Antwort gebe, desto klarer wird mir, dass genau das meine Wahrheit ist. Und dass es besser ist, der Wahrheit nicht auszuweichen, hat mir schon meine Mutter vermittelt, die zu sagen pflegte: „Ach, weißt du, ich bleibe lieber bei der Wahrheit. Würde ich lügen, bräuchte ich ein sehr gutes Gedächtnis – und das habe ich nicht."

Die Initialzündung, diese Idee umzusetzen, vielmehr mich ihr hinzugeben, verdanke ich einem Traum, aus dem ich mit dem Satz „Du musst ein Buch schreiben" erwachte. Ich erzählte das meinem Mann, der völlig selbstverständlich sagte: „Dann mach!"

So lade ich nun ein zu einer Reise, meiner Reise, und es wird eine Flussreise sein.

Das kommt nicht von ungefähr – wer mich kennt, weiß, wie sehr ich das Wasser liebe. Im Alltag tut's ein Schwimmbad, besser ein See, noch lieber das Meer. Das Schönste für mich aber sind Hausboottouren auf einem Fluss … da fühle ich mich im wahrsten Sinne des Wortes im Fluss.

Wenn ich ein Bild für mein Leben finden soll, kann es eben nur ein Fluss sein, mit allem, was einen Fluss ausmacht: Er kommt von irgendwoher und fließt irgendwohin. Für mein Unterwegssein muss ich weder Quelle noch Mündung kennen. Der Fluss ist einfach da, und ich erlebe mich als **einen** Ausdruck des Lebens, als **eine** bestimmte Ausgestaltung der Natur, nämlich als Mensch Brigitte, selbst in diesem Fluss. Ich werde bewegt und muss mich einfach nur mitnehmen lassen.

Nun, ganz so einfach ist das nicht.

Flüsse haben unterschiedliche Fließgeschwindigkeiten, sind mal hochwasservoll, mal ausgetrocknet. Es gibt Stauungen, Stromschnellen, Umwege, Zuflüsse, Abflüsse. Das Wasser kann klar oder trüb sein, warm oder kalt, und, und, und.

So ist mein Leben geprägt durch die ganz unterschiedliche Beschaffenheit des jeweiligen Flussabschnittes, in dem ich mich gerade befinde.

Dazu kommt, dass ich von Zeit zu Zeit versucht habe, den Fluss anzuhalten, eine Weile aufzustauen, um dann zu erleben, wie er durchbricht und mich mitreißt. Mit anderen Worten: Ich habe vergeblich versucht, den Fluss meinen Vorstellungen anzupassen.

Oder ich bin ausgestiegen und habe mein Flussleben beobachtet, analysiert, versucht, mir passendere Verläufe auszudenken. Ich habe versucht, Erklärungen zu finden, wenn ich etwas, was mir auf der Reise geschah, nicht verstanden habe. Ich habe versucht, einen besseren Fluss für mich zu finden und mich, und manchmal auch andere, dafür verantwortlich gemacht, dass das nicht gelungen ist. Manchmal bin ich geflüchtet, damit ich den Fluss weder sehen, hören noch spüren musste. Oft habe ich mich aber einfach nur weggeduckt und am Ufer versteckt.

Ein Standardwerk der Gestalttherapie heißt: „Don't push the river" – für mich könnte es heißen: „Don't push, stow or leave the river."

Daran habe ich mich offenbar nicht gehalten; und so ist dieses Buch auch ein Versuch zu ergründen, was mich zu der gemacht hat, die ich bin, und wie es gekommen ist, dass ich so oft zu untauglichen Mitteln gegriffen habe.

Wer mag, ist eingeladen, mich zu begleiten. Vielleicht nur ein kleines Stück, vielleicht nur unter einem bestimmten Stichwort … wie auch immer: Die Einladung steht! Es ist sozusagen mein Vermächtnis.

Mir kommt ein Vers von Fritz Woike (deutscher Lyriker, Ende 19. Jahrhundert) in den Sinn:

„Was wir sammeln, was wir speichern, mag's die Erben noch bereichern, einst vergeht's. Nur der Schatz der Seelenspenden wächst, je mehr wir ihn verschwenden – nun und stets."

Jeder vererbt das, was zur Verfügung steht – materiell habe ich nichts; also werden es „Seelenspenden", die ich hinterlassen möchte.

An dieser Stelle danke ich all den Menschen, die mich im Laufe der Zeit mit Ein-Flüssen geprägt haben. Ich sage ganz bewusst **danken**, denn auch die Ein-Flüsse, die sich irgendwann als nicht so lebensfördernd entpuppt haben, gehören zu meinem Leben; sie haben genauso wie ihre lebensspendenden Geschwister ihren Anteil an meiner Entwicklung. Alles, was ich weiß, weiß ich ja letztendlich von oder durch die Begegnung mit anderen Menschen. Alles, was ich entdecke und hier mit meinem Leben verknüpfe, haben andere lange vor mir entdeckt – das zeigen die Gedichte, Zitate und Wirkworte, die jedem Kapitel vorangestellt sind.

Für die Spender besonders lebensfördernder Ein-Flüsse nenne ich hier stellvertretend Peter Schellenbaum, der mir die „Psychoenergetik" nahe gebracht hat, mit seinen Büchern und auch persönlich im Rahmen einer Weiterbildung. Der Begriff „Spürbewusstsein" stammt von ihm, der ihn wiederum auf Teilhard de Chardin zurückführt. Ich danke Peter Levine für seinen Ansatz „Somatic Experiencing", entstanden als Resultat seiner Traumaforschung. Wilfried Nelles und Thomas Gessner für ihren phänomenologischen Weg mit dem „Lebensintegrationsprozess" und

Gerald Hüther, der mir auf sehr anschauliche Weise die Augen geöffnet hat für neurobiologische und psychodynamische Zusammenhänge.

Zitate, die ich bewusst verwende, sind als solche gekennzeichnet. Darüber hinaus wohnen in mir, z. T. schon seit Jahrzehnten, Wirkworte, die ich nicht mehr auf ihren Ursprung, zu ihrem Autor, zurückverfolgen kann. Mein Gedächtnis neigt dazu, Formulierungen und ganze Sätze abzuspeichern, verbunden mit einem visuellen Erinnern, in welchem Bereich einer Buchseite etwas Bestimmtes steht. Der Titel des Buches hingegen wird nicht abgespeichert. Theoretisch könnte ich so gegen das Urheberrechtsprinzip verstoßen. Das möge man mir nachsehen.

Nicht zuletzt danke ich meinem Mann, mit dem ich meine Vision von Partnerschaft in Ausgeglichenheit zwischen Bindung und Autonomie leben darf, der seit nunmehr 20 Jahren meinen Weg mit mir geht. Ohne Erwartungen, authentisch, mich geduldig und langmütig begleitend, bereit, sich selbst jederzeit in Frage zu stellen oder stellen zu lassen, ohne direktive Einflussnahme, ohne Wertung, ohne fruchtlose Diskussionen – eher mit Zwiegesprächen und Inspirationen. Jederzeit bereit, mich in Alltagsdingen zu unterstützen und mir damit Freiraum zu verschaffen.

Er hat manches, das bei mir zur Entwicklung bereitstand, „aus mir heraus geliebt", um den wunderschönen Begriff zu wählen, den die Schweizer Psychoanalytikerin Verena Kast geprägt hat.

Peter Schellenbaum nennt es Leitbildspiegelung.

Ich nenne es Glück.

Ich lebe mein Leben in wachsenden Ringen,
die sich über die Dinge ziehn.
Ich werde den letzten vielleicht nicht vollbringen,
aber versuchen will ich ihn.
Und ich kreise um Gott, um den uralten Turm
und ich kreise jahrtausendelang;
und ich weiß noch nicht,
bin ich ein Falke, ein Sturm
oder ein großer Gesang.

R. M. Rilke

EINFÜHRUNG

Eine Schwangerschaft mündet in die Geburt. Erst die immer stärker werdenden Wehen haben mir klar gemacht, dass ich überhaupt schwanger bin oder vielmehr war.

Begonnen hat alles vor genau einem Jahr, im Februar – die Coronakrise gab es plötzlich nicht nur in China, sie schwappte in alle Welt und wurde zur Pandemie.

Was ist nochmal der Unterschied zwischen Epidemie und Pandemie? Erstere ist uns mit den Vornamen Grippe oder Masern noch geläufig, die zweite hat gefühlt irgendwie gar nichts mit uns zu tun …

So oder so ähnlich dachten vermutlich viele Menschen. Nach und nach wurde uns die Tragweite dessen, was da gerade passiert, immer bewusster.

Auch ich habe eine Zeit lang im Kopf sortiert, versucht, mich so seriös wie möglich zu informieren und dann aufgeatmet: *In meiner Lebenssituation als Rentnerin und auf dem Land lebend lässt sich das gut überstehen – irgendwann wird es ja wieder vorbei sein. Schade, dass Kontakte so stark eingeschränkt werden müssen, aber auch das geht vorbei. Und schließlich gibt es ausreichend Kommunikationsmedien, bewegte und unbewegte Bilder, um in Kontakt zu bleiben.*

Also: nicht jammern! Was hat die Kriegsgeneration vor mir schon alles mitgemacht; was erleben und erleiden Menschen jetzt gerade in aller Welt; verglichen damit ist das, was hier passiert, doch harmlos. Und schließlich gibt es kein Recht darauf, dass immer alles weitergeht wie bisher …

Das spielte sich in meinem Kopf ab.

Gleichzeitig war aber auch stets der Gedanke präsent: Es wird nie wieder so, wie es mal war – und ich wusste, dass das die Wahrheit ist, auch wenn ich noch eine Weile hoffte, mich zu täuschen.

Im Mai, vor genau neun Monaten, plötzlich – wie aus heiterem Himmel – fand ich mich in einer veritablen Krise vor, mit allem, was dazu gehört: Herzrasen, explodierender Blutdruck, Angst, Schweißausbrüche, Panikattacken (die kannte ich bislang nur in zu engen Räumen), Gedankenkreisen, Schlaflosigkeit, konkrete und allgemeine Sorgen, Unruhe, die durch fast nichts zu kanalisieren war … es hat mir einfach den Boden unter den Füßen weggezogen. Laufen im Wald war das Einzige, was eine gewisse Erleichterung brachte, aber selbst das ging nur, wenn ich die folgenden zwei Sätze in Endlosschleife und im Laufrhythmus innerlich vor mich hin sang: „Der Herr ist mein Hirte, hallelujah, mir wird nichts mangeln, hallelujah" und: „Ihr Gedanken wartet gefälligst, bis ihr eingelassen werdet" …alles immer schön im Laufrhythmus.

Die einzige Entscheidung, die ich in diesem Moment treffen konnte, war die: Ich gehe bewusst Schritt für Schritt durch dieses Jammertal. Lasse Abkürzungsversuche sein und passe mein Tempo dem an, was geschieht oder auch nicht geschieht. Immer mit der Gewissheit, die mir nicht bewusst war, aber dennoch getragen hat: Es wird alles wieder gut, nur anders, als es war. Schließlich habe ich schon so viele Abschiede in meinem Leben, äußere und innere, gut überstanden; habe Krisen durchlitten, und – auch wenn es sich phasenweise wie Sterben angefühlt hat – ich habe ganz offensichtlich überlebt. Nun aber will ich leben und nicht überleben.

Es hat eine Weile gedauert, bis ich nach und nach aussprechen konnte, was mit mir geschehen war. Alles Neue ist zunächst einmal sprachlos; hätte ich zu früh davon geredet, so kommt es mir vor, dann wäre ich zurückgefallen ins Alte. Was da verborgen in mir heranreifte, brauchte während dieser Wachstumsphase zunächst Schutz, Zeit und Ruhe.

Heute, neun Monate später, sehe ich im Rückblick einen Prozess, den ich mit einer Schwangerschaft, und zwar einer ungeplanten, vergleiche. In mir ist es immer dichter geworden, etwas ist gewachsen, gereift und will jetzt ausgestoßen werden, weil der Raum nicht mehr ausreicht.

Was ist geschehen in diesen neun Monaten?

Dazu muss ich etwas ausholen:
Seit ich lesen kann, verschlinge ich Bücher. (Meine Kinder nannten das früher: „Die Mama liest nicht, sie frisst Druckerschwärze.")

Als Kind vor allem, um in andere Welten abzutauchen. Später dann zunehmend, um zu erfahren, was Menschen bewegt oder hemmt. Das können Biografien sein, psychologische und philosophische Werke, genauso wie Krimis, Romane und Geschichtsbücher, Gedichte und Märchen und auch Bücher über Neurobiologie, Hirnforschung oder Physik.

Von jeher finde ich nichts so spannend wie Menschen und ihre Seinsweisen. Ich komme leicht ins Gespräch mit ihnen, sobald sie beginnen, sich zu öffnen, während mir gleichzeitig bis heute die Fähigkeit zum Smalltalk fehlt und ich in oberflächlichen Begegnungen oft einfach nicht weiß, was ich sagen soll. Ich bin mit Menschen zusammen, beobachte sie, berühre sie in meinem Beruf als Physiotherapeutin mit den Händen und ich lasse mich berühren …

So konnte ich im Laufe meines Lebens viele Erfahrungen machen, aber eben auch viel Wissen ansammeln. Das allermeiste von dem, was ich gelesen habe, habe ich sofort verstanden und wusste oftmals intuitiv, was davon ganz viel mit mir zu tun hat. Es entstanden zahllose Gedankenstränge in meinem Kopf: Manche fanden mit anderen zusammen, andere blieben unverknüpfte, lose Enden.

In diesem vergangenen Jahr nun stellten sich mehr und mehr Verknüpfungen ein; ich hatte Ideen, Einfälle, ohne danach gesucht zu haben. Ja, phasenweise wurde ich so von Einfällen überrollt, dass ich Sorge hatte, ob mein Hirn das noch alles würde fassen können, ohne zu platzen.

Dadurch ist mit der Zeit so viel Raumenge entstanden, dass nun die Geburt eingeleitet ist.

Doch diesmal ist es keine Kopfgeburt:
Bislang sah ich Krisen in meinem Leben als Herausforderung. In der Regel entstanden sie in ganz bestimmten Lebenszusammenhängen: Es gab einen konkreten Anlass und Auslöser dafür. Da konnte ich ansetzen, da konnte ich etwas tun, etwas verändern; sei es die Umstände oder mich selbst, in Form von Kampf oder Anpassung. Ich versuchte, mich irgendwie von der krisen-

haften Belastung zu befreien und habe insofern Krise durchaus als Chance begriffen. Ich habe bedacht, was zu bedenken war, und dann gehandelt. Nur hat sich inzwischen herausgestellt, dass es mich nicht weiterbringt. „Das Denken hat das Wissen nicht mehr für sich gepachtet", sagt Wilfried Nelles (Die Welt in der wir leben, S. 284).

Diesmal hat sich etwas anders entwickelt als in den Zeiten davor. Einerseits gab es keine greifbare Herausforderung, an der ich mich hätte abarbeiten können. Andererseits spürte ich so deutlich wie nie, dass all mein gesammeltes Wissen, alle Erkenntnisse nicht viel nützten, weil sie meistens nur in meinem Kopf gearbeitet hatten, aber mit meinem Dasein in der Welt sehr viel weniger zu tun hatten, als ich mir gewünscht hätte. Nun aber wurde der Boden bereitet – dadurch, dass ich ganz bewusst ohne Ziel in der Gegenwart von Moment zu Moment gelebt habe und immer noch lebe. Der jeweils nächste fällige Schritt ergab sich ohne mein Dazutun von selbst. Ich musste die Bewegung nur spürend mitvollziehen. Alles in mir hat sich verbunden. Ich habe verstanden mit dem Verstand, mit dem Herzen, mit dem Körper, mit dem Gefühl – sozusagen mit allen Sinnen. Und auf einmal hat alles Sinn gemacht! Sinn ergibt sich offenbar durch das spürbewusste Dasein im Augenblick und im Weitergehen zum nächsten Augenblick.

Im Folgenden werde ich einige Themen umkreisen, die mich gerade beschäftigen. Ich teile meine Gedanken dazu, Gedanken, die im Augenblick meine Wirklichkeit abbilden. Ich erhebe keinen Anspruch auf Vollständigkeit und auch nicht auf Allgemeingültigkeit. In einem oder in fünf Jahren werde ich vermutlich manches anders sehen. So ist es in der Forschung und Wissenschaft ja auch: Es geht immer um den derzeitigen Erkenntnisstand, auch wenn uns Wissenschaftler manchmal glauben machen wollen, jetzt hätten sie die Wahrheit gefunden.

Alles was lebt, ist immer vorläufig – es verändert sich von Moment zu Moment; Ewigkeit und Augenblick sind dasselbe. „Man kann nicht zweimal in denselben Fluss steigen", heißt es in der Flusslehre Heraklits.

STUFEN

Wie jede Blüte welkt und jede Jugend
dem Alter weicht, blüht jede Lebensstufe,
blüht jede Weisheit auch und jede Tugend
zu ihrer Zeit und darf nicht ewig dauern.

Es muss das Herz bei jedem Lebensrufe
bereit zum Abschied sein und Neubeginne,
um sich in Tapferkeit und ohne Trauern
in andre, neue Bindungen zu geben.
Und jedem Anfang wohnt ein Zauber inne,
der uns beschützt und der uns hilft zu leben.

Wir sollen heiter Raum um Raum durchschreiten,
an keinem wie an einer Heimat hängen,
der Weltgeist will nicht fesseln uns und engen,
er will uns Stuf' um Stufe heben, weiten.
Kaum sind wir heimisch einem Lebenskreise
und traulich eingewohnt, so droht Erschlaffen.
Nur wer bereit zu Aufbruch ist und Reise,
mag lähmender Gewöhnung sich entraffen.

Es wird vielleicht auch noch die Todesstunde
uns neuen Räumen jung entgegensenden,
des Lebens Ruf an uns wird niemals enden ...
Wohlan denn, Herz, nimm Abschied und gesunde!

H. Hesse

1 FAMILIE

Die beiden seelischen Grundbedürfnisse des Menschen sind Verbundenheit und Autonomie; er braucht Wurzeln und Flügel.

Diese Erkenntnis ist nicht neu. Neu für mich ist, dass ich seit einiger Zeit die Gelegenheit habe, genau das bei meinem jüngsten, jetzt 18 Monate alten Enkel, der zu unserer großen Freude ganz in der Nähe wohnt, fast täglich zu beobachten. Mit diesem Bewusstsein und der Zeit und Muße dazu war das bei meinen eigenen Kindern, und auch bei den älteren Enkeln auf Grund der Entfernung, in dieser Form nicht möglich. Ein wunderbares Geschenk für uns Großeltern!

Es berührt mich, zu erleben, wie er die Welt und seine eigenen Fähigkeiten mehr und mehr entdeckt und entwickelt, während er sich gleichzeitig immer wieder vergewissert, dass die für ihn wichtigsten Menschen da sind. Unermüdlich probiert er aus, übt mit Beharrlichkeit und Konzentration, bis er sein Nahziel erreicht hat. Die Freude, die ihn dann erfüllt, ist dem ganzen kleinen Körper anzusehen. All das geschieht von allein. Er braucht dazu keine Ermunterung, keine Aufforderung, geschweige denn „Training" oder irgendeine andere Form von Anstoß. Er braucht nicht einmal Spielzeug. Alles, was sich gerade in seiner Umgebung befindet, weiß er zu nutzen.

In der Sicherheit der Bindung geschieht Entwicklung ganz von selbst. Er ist noch ganz bei sich, nimmt keinen Abstand durch Überlegung, was sein könnte, wenn … So ist er auch völlig angstfrei. Angst entsteht ja erst dann, wenn unser Kopf, gespeist von den Erfahrungen der Vergangenheit, irgendwelche möglichen und unmöglichen Szenarien für Gegenwart und Zukunft ersinnt.

Das, was da passiert, ist Ent-wicklung, im ursprünglichen Wortsinn, nämlich etwas, was in der Anlage bereits da ist, wird ausgewickelt. Von außen wird instinktsicher nur Selbstgewähltes einbezogen, das als Anregung genau zu dem jetzt anstehenden Entwicklungsschritt passt.

Wir wissen alle, dass diese kindliche Freiheit, das Eigene zu entdecken und zu leben, endlich ist. Nicht lange, und wir bringen unseren Kindern alles bei, was **wir** für angemessen halten. Wir finden das vollkommen selbstverständlich und notwendig, um sie darauf vorzubereiten, irgendwann eigenständig in dieser Welt zurechtzukommen. Vielleicht ist es das ja auch. Je nach eigenem Bewusstseinsstand entdecken und würdigen wir dabei mehr oder weniger sensibel das Eigene in unseren Kindern. Dennoch machen wir sie unbeabsichtigt gleichzeitig zu Objekten unserer Vorstellungen und blockieren damit die Möglichkeit einer Entfaltung in die ganz eigene Richtung, die nur das Kind selber herausfinden kann; die wir Erwachsenen gar nicht kennen können.

Ist das nicht eine riesige Potentialblockierung und Verschwendung?

Aber dazu später mehr.

Doch auch in der bestmöglichen aller Kindheiten werden wir nicht vermeiden können, unseren Kindern Päckchen mit auf den Weg zu geben, die sie tragen müssen. Unsere Hoffnung kann nur sein, dass sie irgendwann zu unterscheiden lernen, was zu ihnen gehört und was nicht.

Lebenslange Aufgabe eines jeden Menschen, die immer wieder aufs Neue zu lösen ist. Es bedeutet, Spürbewusstsein zu entwickeln für das, was verabschiedet werden kann, für das, was bleiben darf, und für den Handlungsschritt, der jetzt gerade ansteht. Poetischer als Hesse das in seinem Gedicht „Stufen" beschreibt, kann man es nicht ausdrücken.

Das Stichwort „Bestmögliche aller Kindheiten" führt mich zurück in mein eigenes Leben.

Ich selber bin ganz sicher in einer – nach landläufiger Meinung – intakten Familie aufgewachsen. Ich habe keine Not gelitten, auch wenn in einer Familie mit vier Kindern und einem alleinverdienenden Lehrer-Vater in den 1950er-, 1960er-Jahren nicht viel Geld da war. Dennoch hat es oft für bescheidene, aber spannend gestaltete Urlaube, immer für Musikunterricht und auch für ein eigenes Haus gereicht.

Mein Vater war ein liberal denkender Mensch, der selber aus einem freigeistigen Elternhaus stammte. Seine Leidenschaft galt der Chormusik, und er besaß die große Gabe, junge Menschen dafür zu begeistern. Überhaupt war ihm besonders an Kontakten mit Menschen gelegen, aber auch sonst war er an vielem interessiert. Er konnte wunderbar Gedichte rezitieren; vor allem Morgenstern, Ringelnatz und Eugen Roth sind mir in lebhafter Erinnerung. Er liebte das Arbeiten mit Holz und dabei nicht zuletzt die vorausgehende Planung.

Im Gegensatz zu vielen Männern seiner Generation, hatte er keine Altlasten aus dem Krieg, in dem er zum Piloten ausgebildet wurde. Mit sehr viel Glück – das war ihm immer bewusst – und auf Grund einer Verletzung blieben ihm Ostfront und andere Kampfeinsätze erspart. Im Sommer 1946 konnte er aus französischer Kriegsgefangenschaft fliehen. Aus finanziellen Gründen war es ihm nicht möglich, seiner Leidenschaft für die Fliegerei nach dem Krieg weiter nachzugehen, was er sehr gern getan hätte.

Meiner Mutter zuliebe konvertierte er, der auf dem Papier katholisch war, zum evangelischen Bekenntnis.

Sie nämlich stammte aus einem streng protestantischen Elternhaus; die Heirat mit einem „Katholen" wäre undenkbar gewesen. Die tiefschwarzen Haare meines Vaters nahmen die Schwiegereltern gerade so hin: Der Rassenwahn des Dritten Reiches warf seine Schatten noch bis in die Anfänge der 50er-Jahre.

Mutter war ein überwiegend positiv gestimmter Mensch, mit viel Liebe zu allem, was lebt, insbesondere zu Kindern. Unerschütterlich in ihrem Glauben verankert, galt es, das Gebot der Nächstenliebe unbedingt zu leben, auch wenn sie den zweiten Teil des Gebotes – „wie dich selbst" – nicht so wichtig fand. Die Liebe zu alten Kirchenliedern, insbesondere denen von Paul

Gerhardt, habe ich sicher von ihr übernommen, und aus meiner frühen Kindheit ist sie mir unentwegt singend in Erinnerung. Sie verfügte außerdem über einen unerschöpflichen Vorrat an humoristischen Sprüchen und Lebensweisheiten, und mit bemerkenswerter Liebe widmete sie sich auch den aus meiner Sicht langweiligsten Tätigkeiten. Als ich sie hingebungsvoll bügeln sah, fragte ich, ob sie das eigentlich gerne mache. (Ich fand Bügeln überflüssig und öde.) „Ach, weißt du" – so begannen viele ihrer Antworten –, sagte sie: „Ich habe gelernt, dass mir alles viel leichter fällt, wenn ich mich dafür entscheide, es gern zu tun."

Sie hat sich die Nöte der ihr vertrauten und anvertrauten Menschen immer ausgesprochen empathisch zu Herzen genommen und ich bin sicher, dass sie – kurz vor ihrem 80. Geburtstag – am Broken-Heart-Syndrom starb. Einer ihrer letzten Sätze zu mir, zwei Wochen vor ihrem Tod, war, bezogen auf einen ihr sehr vertrauten Menschen, um den sie sich sorgte: „Ich bin froh, dass R. dich hat und du musst mir versprechen, immer für sie da zu sein." Zwischen den Zeilen schwang ein „Ich kann es nämlich (bald) nicht mehr" mit. Dieses Versprechen hat mir übrigens lange viel Druck gemacht, bis ich irgendwann die Verantwortung an R. selbst zurückgeben konnte.

Diese beiden Menschen, meine Eltern, hatten ihre ganz eigenen Vorstellungen von Kindererziehung – anders, als ich das bei den Eltern Gleichaltriger erlebte. Ich kann mich nur an wenige ausgesprochene Ge- oder Verbote erinnern. Genauso wenig an Drohungen, Strafen, Drängen in eine schulische oder berufliche Richtung usw. Selten wurden Grenzen mit Worten benannt; ausgesprochen wurde allenfalls, dass uns nicht interessieren, im Sinne von beeinflussen, sollte, was andere machen oder denken.

Gewalt war kein Thema. Auch nicht getarnt als Erpressung, Bestechung oder Verführung. Es herrschte eine freundliche, wohlwollende Atmosphäre, und es gab durchaus den Raum dafür, sich auszuprobieren, eigene Lösungsmöglichkeiten zu finden und damit Selbstwirksamkeit zu erfahren, zumindest innerhalb bestimmter, wenn auch nie benannter Grenzen; es wurde viel (vor-)gelesen, gesungen, gespielt, musiziert, und wir waren immer im Gespräch. Genau das war es, was mir in der ersten Zeit nach meinem Umzug, zwecks Ausbildung, in das 500 Kilometer entfernte Berlin am meisten fehlte: die Gespräche am Mittagstisch, bei denen auch mein Vater auf Grund seines Lehrerberufs anwesend sein konnte.

Ich habe mich oft gefragt, wie meine Eltern es geschafft haben, dass ich in der Spur geblieben bin, die sie gelegt haben. Meine Mutter erzählte manchmal, dass sie für mich, ca. vier Jahre alt, mit Kreide einen Strich auf die Straße gemalt habe, bis zu dem ich gehen durfte. Sie war ziemlich stolz darauf, dass ich diese Grenze wohl immer respektiert habe. Ich selber kann mich nicht erinnern, aber meine späteren Erfahrungen mit mir selber lassen mich nicht an ihrer Aussage zweifeln. Als ich das irgendwann meinen eigenen Kindern erzählte, schüttelten sie jedes Mal fassungslos den Kopf und wollten nicht glauben, dass ich nie ausprobiert habe, wie es hinter dem Kreidestrich aussah, und was passiert wäre, wenn ich das Gebot im wahrsten Sinne des Wortes übertreten hätte.

Wie also hielten sie mich auch später in der Spur? Ich sage „mich" und nicht „uns", denn meine drei Brüder hatten andere Eltern. Nicht biologisch natürlich, das war und ist unübersehbar, aber aus ihren Erzählungen weiß ich schon lange, dass dieses gemeinsame Elternhaus mit jedem von uns etwas anderes gemacht hat. Das ging z. T. so weit auseinander, dass ich mehr als einmal dachte, einer der Brüder redet gerade über eine andere Frau, aber doch nicht über meine Mutter. Früher haben mich solche Gespräche stets in eine Verteidigungsposition gebracht. Damals habe ich nicht begriffen, dass diese unterschiedlichen Wahrnehmungen völlig normal sind. Ich hoffte, den Bruder von meiner Wahrheit überzeugen zu können, wenn er sich denn nur anstrengen und richtig hinschauen würde und habe dabei übersehen, dass es nicht um die Wahrheit geht, ja, gehen **kann**, wenn etwas verteidigt, erklärt, bewiesen werden muss. Nicht einmal dann, wenn

es um meine Ansicht zu einem Thema geht, kann ich diese be-
weisen, denn es ist eben nur meine Sicht auf Dinge, die andere von anderen Warten aus betrachten. Im Übrigen gibt es diese Unterschiede in der Wahrnehmung natürlich auch auf Seiten
meiner Brüder: sie wissen nicht immer, von was ich eigentlich
rede, wenn ich aus „meiner" Kindheit erzähle …

Aber wieder zurück zu der Ausgangsfrage: Wie haben sie mich
in der Spur gehalten?

Der Groschen fiel bei mir mal wieder lireweise (ja, Groschen
und Lire gab es zu der Zeit noch!), wie einer meiner Brüder in
seiner unnachahmlichen Art zu bemerken pflegte, wenn ich etwas länger für eine Einsicht brauchte.
  Ich will damit sagen, dass es viele Lebensthemen gibt, denen
ich immer wieder mal begegne. Es kommt vielleicht zu einer Einsicht, die sich für den Moment vollständig anfühlt, um wenig oder
auch viel später verworfen oder erweitert zu werden. So lebe ich
mein Leben „in wachsenden Ringen" oder – wie ich es manchmal empfinde – spiralförmig. Wie auch immer: Leben verläuft
eben nicht linear, sondern zirkulär. Das ist zumindest meine Erfahrung. Dazu gehören zum Beispiel auch wohlbekannte, längst
überwunden geglaubte Fallen, in die ich von Zeit zu Zeit wieder hineintappe. Wir, mein Mann und ich, zitieren dann gerne
ein afrikanisches Sprichwort: „Ich kann nicht verhindern, dass
die Vögel um meinen Kopf kreisen, aber ich kann verhindern,
dass sie dort Nester bauen."
  Also: wie viele Lire und welche sind inzwischen gefallen –
genug für einen Groschen?
  Die Antwort ist: ich weiß es nicht, auch wenn es sich jetzt,
wie immer in solchen Momenten, so anfühlt, als sei der Groschen voll. Es spielt auch keine Rolle.

Im Blick auf meine Kindheit wird mir die eigenartige Präsenz
des Themas der nicht benannten Grenzen deutlich, sieht man
mal von dem Kreidestrich auf der Straße ab.

Wenn ich als Jugendliche wissen wollte, wann ich abends zu Hause zu sein habe, war die Antwort: „Was findest du denn angemessen?"

Klingt im ersten Moment ganz gut, so nach: Ich darf es selber entscheiden. Ist aber nicht gut, denn was schlägt die gehorsame Tochter auf diese Frage hin vor? Natürlich einen Zeitpunkt, der möglichst knapp unter der Zeit liegt, von der sie vermutet, dass ihr **Vater** sie für angemessen hält.

Schließlich ist sie, wie alle Kinder, auf die Liebe und Zuwendung der Eltern angewiesen. Kinder verbiegen sich lieber, als dass sie diese Liebe aufs Spiel setzen.

Voraussetzung auf Seiten des Kindes ist, dass es gelernt hat, zu erspüren, was die Eltern wollen. Bösartig könnte man sagen, die Eltern haben die Verantwortung, die eigentlich **sie** für das Aufzeigen von Grenzen haben, auf die Kinder abgewälzt. Das haben meine Eltern ganz sicher nicht gewollt – dennoch habe ich es so empfunden. Ich spekuliere: Vermutlich war es eine Gegenreaktion meiner Eltern auf als zu hart empfundene Grenzsetzung in der eigenen Kindheit …

Wie sehr hätte ich mir als Kind gewünscht, mal einen Grund zum offenen Protest zu bekommen! Aber es blieb bei heimlichem Grummeln. Einzig gegen den Großvater habe ich mich als junge Erwachsene einige Male, wenn ich mich von ihm provoziert oder genervt fühlte, deutlich positioniert – nicht etwa mit ihm konstruktiv auseinandergesetzt.

Kein Wunder, dass offene Auseinandersetzungen, die in meiner Kindheit so gut wie nicht stattfanden, mir im späteren Leben so viel Mühe bereitet haben. Kein Wunder auch, dass ich Zeit meines Lebens Probleme mit der Haut, dem Grenzorgan des Menschen hatte. Ich habe oft den Eindruck gehabt, dass ich nicht spüren kann, wo ich aufhöre und der andere anfängt. (Dass genau dieses Verschwimmen der eigenen Grenzen auch ein Segen sein kann, darauf komme ich im Kapitel „Spiritualität" noch einmal zurück.) Kein Wunder, dass ich lange Zeit Grenzverletzungen von anderen zugelassen habe.

Und die andere Seite der Medaille kenne ich auch: In vorauseilendem Gehorsam, ja, fast schon übergriffig, Dinge für andere zu tun, von denen ich **dachte**, dass sie von mir erwartet werden. Das hat es mir auch in der Jugend schwergemacht, zu einer Peergroup, wie man es heute nennt, zu gehören. Ich war mir nie sicher, wie ich mich eigentlich verhalten sollte. Ich bin auf Menschen geflogen, die mir nicht bekömmlich waren, weil sie oft nicht das meinten, was sie sagten, und es mir überließen, herauszuhören, um was es **eigentlich** ging. Dass es Menschen in meinem direkten Umfeld gibt, die anders sind, die tatsächlich offen sagen, was sie möchten, und es dann auch wirklich stimmt, habe ich erst spät erleben dürfen. Das lag unter anderem natürlich auch daran, dass ich Menschen durch meine Projektionen oft gar keine echte Chance geben konnte, von mir als authentisch wahrgenommen zu werden, weil in mir gleich das Programm „Zwischen-den-Zeilen-lesen" ansprang.

Nochmal zurück zu der fehlenden Möglichkeit, offene Auseinandersetzung zu lernen. Selbstverständlich habe ich in den Augen meiner Eltern nicht immer alles richtig gemacht. Die Reaktion meiner Mutter war dann, mir – natürlich nonverbal – Verletzung zu signalisieren. Die Reaktion meines Vaters ging dahin, mich spüren zu lassen, dass es nicht genügte, dass ich mir nicht genug Mühe gegeben hatte. Auch dieser Satz wurde nie ausgesprochen …

Dieses „Es genügt nicht" hing eigentlich am längsten als Damoklesschwert über meinem Haupt und wirkte gleichzeitig als innerer Antreiber.

Sehr berührt hat es mich, als ich mit meinem Vater in seinen letzten Lebensjahren über diesen Satz sprach. Zu dem Zeitpunkt war längst ein intensiver, offener und wertschätzender Austausch über das, was uns bewegt, möglich und wir haben ihn beide als durchaus bereichernd erlebt. Er sagte nämlich unter Tränen zu mir: „Aber das ist doch mein Satz den solltest du nie übernehmen."

Die Präambel in unserem ungeschriebenen Familiengesetzbuch würde ich heute so formulieren:

Mit gutem Willen und entsprechender Anstrengung, darauf achtend, dass man niemandem zu nahe tritt oder ihn gar verletzt, kann man fast alles schaffen, und man ist ein Leben lang für das verantwortlich, was man sich vertraut gemacht hat.

Wie alle Eltern wollten die meinen uns bestmöglich auf das Leben vorbereiten.

Ich bin sicher, dass es ihnen dabei enorm wichtig war, uns zu unabhängigen, sich ihrer Stärken und Schwächen bewussten, nicht verführbaren Menschen zu erziehen. Aber wie das so ist mit den guten Absichten: Nicht immer wählen wir die richtigen Mittel, um das angestrebte Ziel zu erreichen. Das mit der Unabhängigkeit und der Nichtverführbarkeit hat bei mir jedenfalls nicht so gut funktioniert …

DER PANTHER

Sein Blick ist vom Vorübergehn der Stäbe
so müd geworden, dass er nichts mehr hält.
Ihm ist, als ob es tausend Stäbe gäbe
und hinter tausend Stäben keine Welt.

Der weiche Gang geschmeidig starker Schritte,
der sich im allerkleinsten Kreise dreht,
ist wie ein Tanz von Kraft um eine Mitte,
in der betäubt ein großer Wille steht.

Nur manchmal schiebt der Vorhang der Pupille
sich lautlos auf - dann geht ein Bild hinein,
geht durch der Glieder angespannte Stille
- und hört im Herzen auf zu sein.

R. M. Rilke

2 PSYCHODYNAMIK

Finden wir uns im Leben in einer Krise vor, ist zunächst einmal all das, was dann in uns abläuft, eine völlig normale Reaktion auf eine außergewöhnliche Situation. Ein krisenhaftes Ereignis kann ganz plötzlich von außen auf uns zukommen oder auch etwas Innerliches sein, was plötzlich oder auch schleichend dazu führt, dass die gewohnten Bewältigungsstrategien, zumindest vorübergehend, außer Kraft gesetzt werden.

Nicht die konkrete Gestalt eines Ereignisses macht es zur erlebten Krise; das tun einzig und allein unsere Bewertungen. Bewertungen aber sind immer das Ergebnis unserer in der Vergangenheit gebildeten Annahmen und Erfahrungen. Mit denen gehen wir in die Krise. Mit denen versuchen wir, die Krise zu überstehen.

Insofern sind auch die Grenzen zwischen temporären Sackgassen, dem, was wir landläufig Krise nennen, und dem, was wir – ebenso landläufig, inflationär und ungenau – Trauma nennen, fließend. Mir scheint an der Stelle der Begriff Traumafolgestörung zutreffender. Die Traumafolgestörung zeichnet sich aus oder entsteht, bzw. besteht fort, durch Aufrechterhalten der Illusion, dass die als vernichtend erlebte Bedrohung nach wie vor da ist. Das heißt nichts anderes, als dass wir uns auf die inneren Bilder fokussieren, die wir selber produzieren, ohne es überhaupt zu bemerken. Es ist ein Werk unseres Bewusstseins, welches sich zwischen den Menschen und sein Selbst schiebt und ihn dadurch von der unmittelbaren Wahrnehmung trennt: Sonst würde er nämlich merken, dass die Bedrohung bereits vorüber ist. Das Nicht-vergessen-Können bringt Leid. Dabei geht es nicht darum, die Ereignisse, die Szenarien der als Bedrohung erlebten Situation zu vergessen; vielmehr geht es um das Vergessen der damit verbundenen Gefühle, wissend, dass die Ereignisse selbst vorbei sind.

Allen krisenhaften Ereignissen ist gemeinsam, dass eine Situation entsteht, in der unsere Selbstwahrnehmung nicht mehr mit den äußeren Gegebenheiten übereinstimmt. Der Fachbegriff dafür lautet Inkohärenz und wurde in den 1970er-Jahren von Aaron Antonovsky, dem „Vater der Salutogenese", eingeführt. Kohärenz besteht demzufolge immer dann, wenn das persönliche Empfinden, wenn all das, was ein Mensch täglich erlebt und erfährt, was er wahrnimmt, gut zu seinen eigenen Erwartungen passt.

In jedem lebendigen Organismus ist das Bestreben angelegt, immer dann, wenn ein Gefühl der Inkohärenz entsteht, dafür zu sorgen, dass es sich möglichst bald wieder in einen Zustand der Kohärenz wandelt. Ganz einfach ausgedrückt: Wenn wir uns schlecht fühlen, tun wir alles dafür, dass es uns bald wieder besser geht. So weit – so gut. Kritisch wird es erst dann, wenn wir eben nicht nur genau das, was wirklich notwendig wäre, tun, sondern überlagert sind von Vorstellungen all dessen, was auch noch dazu beitragen könnte oder müsste. Ob wir dabei nämlich immer die richtigen Entscheidungen treffen, die richtigen Mittel wählen, steht auf einem anderen Blatt.

Das Bestreben, Kohärenz herzustellen, ist ein energetischer Prozess und beruht auf einem physikalischen Gesetz. Gehen wir nämlich davon aus, dass Energie innerhalb eines Organismus nicht verloren geht, sondern nur verwandelt wird, leuchtet ein, dass mit Entstehen von Inkohärenz das natürliche Ziel darin besteht, die gefühlte energetische Wandlung zum Negativen so gering wie möglich zu halten und zum Kohärenzzustand zurückzukehren.

Betroffene finden sich sozusagen in einem „Energiekäfig" (Schellenbaum) vor, eingesperrt und den vergeblichen Versuchen, sich mit bekannten und erdachten Strategien daraus zu befreien, ausgeliefert. Sie übersehen, dass die Energie, die dabei, wie oben erwähnt, nicht verloren geht, sich gegen den Betroffenen wendet und der Selbstzerstörung Vorschub leistet. So verhindern sie die Öffnung des Energiekäfigs. Es ist das, was Rilkes Panther (s. o.) erlebt. Die winzigen Bilder, die hin und wieder durch seine Pupille hineinfallen, die ihm einen Ausgang aus dem Käfig zeigen könnten, weiß er nicht zu nutzen, und „sie hören im Herzen auf zu sein".

Je länger der inkohärente Zustand anhält, desto mehr Energie wird verbraucht – schlimmstenfalls, nämlich immer dann, wenn es nicht gelingt, in den Zustand der Kohärenz zurückzufinden, führt das zum Tod. Nicht unbedingt zum realen Tod, wohl aber in die Selbstzerstörung und zum Absterben von Lebendigkeit. Ob sich das in Form einer Depression, Sucht, Flucht, Neurose oder schlimmstenfalls in einem Selbstmord niederschlägt, ist von vielen Faktoren abhängig. Der wichtigste Schutzfaktor ist nach heutigem Verständnis in diesem Zusammenhang Resilienz.

Noch spannender ist jedoch die Frage, was genau Menschen im Zustand der Inkohärenz tun.

Nun, zunächst können wir versuchen, die äußeren Umstände zu verändern, damit es wieder passt. Funktioniert das nicht, weil beispielsweise der eigene Einfluss auf die Gegebenheiten nicht wirksam ist, braucht es eine andere Lösung.

Wir müssen uns also uns selber zuwenden und herausfinden, wie wir unsere eigene Befindlichkeit verbessern können. Das ruft zunächst einmal die bekannten Abwehrmechanismen auf den Plan. Damit versuchen wir, uns das Problem vom Leibe zu halten. Abwehrmechanismen sind z. B. Leugnung, Verdrängung, Rationalisierung, Flucht in Süchte jeglicher Art, Verkehrung ins Gegenteil, Schuldzuweisung, Vergleichs- und Bewertungszwang – um hier nur einige zu nennen.

Vorübergehend – auch eine sehr lange Zeit ist vorübergehend – und vordergründig kann uns das durchaus Entlastung verschaffen: Wir fühlen uns einfach wieder besser. Dass das Problem nicht gelöst ist, nehmen wir gar nicht wahr und je öfter und je länger wir uns Probleme auf diese Weise vom Hals halten, desto weniger sind wir irgendwann überhaupt noch in der Lage, sie zu spüren, wahrzunehmen. Die Verschaltungen im Gehirn, die dazu nötig wären, sind längst stillgelegt: Sie werden ja anscheinend nicht mehr gebraucht, und was nicht gebraucht wird, stellt irgendwann seine Tätigkeit ein. Das ist in unserem Gehirn nicht anders als bei Muskeln, die wir nicht benutzen. Auch das Gehirn ist ein lebendiger Organismus (die Plastizität des Gehirns zweifelt heute vermutlich niemand mehr an), und der braucht adäquate Reize, um seine Arbeit zu tun.

Fatalerweise unterscheidet das Gehirn nicht zwischen nützlichen und weniger nützlichen Reizen zum Ausbau von Verschaltungen. Es reagiert auf das, was wir ihm abverlangen, also immer und immer wieder nutzen. Das heißt, wenn es wieder und wieder das angeboten bekommt, was ich oben als Abwehrmechanismen aufgeführt habe, dann tut das Gehirn brav seine Arbeit und baut die dafür nötigen Verschaltungen weiter aus – sie werden zum Selbstläufer. Diese Verschaltungsstraßen scheinen ja so wichtig zu sein, dass es gut ist, wenn der Zugriff darauf schnell und ungestört erfolgen kann. Das spart in jedem Fall Energie. Die „Straßen" werden immer besser ausgebaut. Gerald Hüther vergleicht das, was da entsteht, mit „Autobahnen". Auf Autobahnen kommt man schnell und bequem von A nach B, muss sich keine Gedanken machen, dass plötzlich Abzweigungen oder Ampeln auftauchen usw. Mehr oder weniger große Verkehrsstörungen nutzen wir selten als Gelegenheit, über die Sinnhaftigkeit der Strecke, die wir gerade fahren, nachzudenken. Wir hoffen einfach, dass es bald vorbei geht. Und es erschließt sich von allein, was uns dabei entgeht: z. B. die Möglichkeit, rechts oder links vom Weg etwas wahrzunehmen – dazu sind wir entweder zu schnell oder zu fokussiert auf den Wunsch, endlich anzukommen, unterwegs.

So ist es mit vielen Mustern, die wir im Laufe unseres Lebens entwickeln. Dabei haben Muster an sich durchaus ihre Berechtigung und können sehr hilfreich sein: Will ich zum Beispiel etwas vom Boden aufheben, bediene ich mich des in meinem Gehirn verschalteten, dazu passenden Bewegungsmusters, was nichts anderes heißt, als dass ich nicht über die unzähligen winzigen Teilschritte und Bewegungen, die für den komplexen Vorgang des Aufhebens nötig sind, im Einzelnen nachdenken muss. Ich benutze das Muster „Aufheben". Punkt. Und es funktioniert. Die Sache ist schnell und ohne großen Energieaufwand erledigt. Das, was für abgespeicherte Bewegungsmuster gilt, gilt genauso auch für Denk- und Verhaltensmuster. Wen das Thema interessiert, der kann unter dem Stichwort „Embodied Cognition" oder „Embodiment" Aufschlussreiches dazu finden. Dabei geht es immer um die Wechselwirkung zwischen Körper und Geist.

Ich erwähne das hier vor allem deshalb, weil es mich wieder zurückführt in meinen eigenen Lebensfluss. Auf andere Zusammenhänge, die sich mir bei diesem Thema plötzlich zeigten, gehe ich später ein.

Die zentrale „Stauung" in diesem Fluss, mit der ich auf Grund meiner Lebensgeschichte immer wieder beschäftigt war, ergibt sich aus dem bereits im ersten Kapitel erwähnten Satz: „Es genügt nicht." Im Folgenden nenne ich diesen Satz, aus zum Verständnis nicht notwendigerweise zu erläuternden Gründen, meinen Komplexsatz.

In mein Bewusstsein fiel er im Zusammenhang mit ignatianischen Schweige-Exerzitien, die ich vor vielen Jahren machte. Eine Aufgabe bestand darin, ein Bild des eigenen Lebens zu malen. An sich war mein Bild fertig; aber dann fing ich an, es hier und da zu verbessern – bis es am Ende fast ruiniert war. Und auf einmal war er einfach da, dieser Satz, der ja, wie bereits erwähnt, in meiner Familie nie ausgesprochen worden war.

Und er hieß er genau so: „Es genügt nicht." Nicht etwa: „**Ich** genüge nicht", oder: „Es genügt **mir** nicht", auch wenn diese beiden Varianten untrennbar dazugehören.

Mein Leben lang war ich mehr oder weniger unbewusst damit beschäftigt, das richtige Maß zu finden. Dazu habe ich alles Mögliche in meinem Musterkoffer gehabt: Flüchten genauso wie Standhalten. Beides wechselte sich ab und manchmal hieß mein Satz einfach: „Jetzt reicht's!" Um im Flussbild zu bleiben: Es gab zahlreiche Kurven und Schleifen, die in ihren jeweiligen Umschlagpunkten weit voneinander entfernt lagen; ich geriet von einem Extrem ins andere, so dass man sich leicht denken kann, wie mühsam das Vorwärtskommen war. Ich habe oft lange gebraucht, um von so einem weit entfernten Umschlagpunkt wieder zurück in die Flussmitte, in meine Mitte, zu kommen. Im Laufe der Zeit sind die Schleifen und Kurven zum Glück kleiner geworden.

Ich will versuchen, die zwei wichtigsten dieser Umwege auf-
zudröseln. Den vermutlich nachhaltig wirksamsten nenne ich
den „Sisyphosmythos".

Mit unendlich viel Anstrengung habe ich versucht, meinen
Weg zu gehen und vermeintliche Steine weggeräumt, nur um jedes Mal wieder zu erleben, wie der mühsam wegbeförderte Stein
zurückrollt. Egal um was es ging: Das Erleben war immer gleich.

Meine Träume hatten lange Zeit häufig diese Themen: Ich
renne einen Berg hinauf, bin völlig außer Puste und kaum oben
angekommen, sehe ich, dass sich dahinter schon der nächste Berg
auftürmt.

Oder: Ich versuche, einen Zug zu erreichen und werde auf
dem Weg zum Bahnhof von so vielen Hindernissen, noch zu
erledigenden Arbeiten oder Menschen, die was ganz Wichtiges
von mir wollen, aufgehalten, dass ich gerade noch die Rücklich-
ter sehe, wenn ich den Bahnhof endlich erreiche.

Später veränderte sich der Zug-Traum dahingehend, dass mir
jemand ein Fahrrad anbot, mich auf den Radweg parallel zur
Bahnlinie hinwies und meinte, ich könne mit dem Rad ganz
leicht den Zug bis zum nächsten Bahnhof einholen. Immerhin.
Allerdings erinnere ich mich an keinen Traum, in dem das tatsächlich gelang; dennoch: Ich habe das Rad genommen und war
deutlich entspannter unterwegs.

Dieses Steine-aus-dem-Weg-Räumen war oft so anstrengend,
dass ich mich danach belohnen musste – sonst hat's ja keiner getan. Als Belohnung konnte alles Mögliche dienen – da sind der
Phantasie keine Grenzen gesetzt. An der Stelle hat es **mir** nicht
genügt, weil **ich** nicht genügt habe. Der direkt spürbare Erfolg
meiner Bemühungen, der mich hätte belohnen können, blieb
nämlich – nicht immer, aber, gefühlt, meistens – aus.

Man kann sich leicht vorstellen, dass so viel Anstrengung dem
Körpergedächtnis nicht verborgen bleibt und sich dort niederschlägt. So entsteht eine gewisse Starrheit, Unbeweglichkeit. Ich
habe die Neigung, mich allem mit Kraft entgegenzustemmen,
was durchaus zu Verletzungen geführt hat. Ich erinnere mich an
eine Situation am Meer, als ich versuchte, in heftiger Brandung

fest stehen zu bleiben, anstatt mich einfach von der Welle mitnehmen zu lassen; das hat mir eine scheußliche Knieverletzung eingebracht.

Mehrfach musste ich unerwartet irgendwo abspringen und konnte nicht in den Knien nachgeben, so dass auch da Verletzungen entstanden. Das ist Standhalten – im wahrsten Sinne des Wortes. Wenn ich dagegen meinen Mann beobachte, der ziemlich häufig fällt, ob mit dem Fahrrad, beim Wandern oder Squash, so sehe ich, wie er abrollt und die Sturzbewegung einfach mitvollzieht und sozusagen auslaufen lässt. Er bricht sich dabei zwar schon mal die Rippen, aber dennoch ist sein Sturzverhalten eine intuitive, fließende Bewegung und kein Sich-Entgegenstemmen. Ebenso hat er beim Radfahren eine viel höhere Umdrehungszahl als ich und passt sich dadurch den landschaftlichen Gegebenheiten viel besser an, während ich fast ausschließlich mit Kraft fahre. Fahrräder ohne schwere Gänge mag ich nicht; denn wenn der Widerstand fehlt, spüre ich mich nicht wirklich.

Oft erwische ich mich dabei, dass ich meinen Kiefer zusammenpresse; auch so ein typischer, körperlicher Ausdruck des verinnerlichten Satzes: „Zähne zusammenbeißen, zusammenreißen und durch."

Viele Muster in meinem Leben weisen mich auf die Untrennbarkeit von Körper- und Geist hin ...

Nun gibt es aber auch noch die andere Seite der Medaille: Dieses viele Kämpfen trainiert ja gleichzeitig, das heißt, ich kann arbeiten bis zum Umfallen – manchmal bin ich sogar stolz darauf. Es führte dazu, dass meine Mutter hin und wieder sagte: „Wenn ich dir beim Arbeiten zusehe, wird mir ganz schwindelig", und dazu, dass ich mich wie besessen in die unterschiedlichsten Tätigkeiten hineinsteigere und leicht vieles zur Sucht werden lasse.

Da ist es wieder – das Thema Maßlosigkeit, auf der Suche nach dem rechten Maß.

Neben dem, was ich den Sisyphosmythos genannt habe, gibt es noch einen zweiten Irrweg, den ich hier erwähnen möchte. So ein schönes, griffiges Wort dafür habe ich noch nicht gefunden; ich rede von den Grenzen, die so oft verschwimmen. Wobei das im Grunde mit dem Sisyphosmythos untrennbar verbunden ist und es nur um eine andere Facette geht.

Ich habe gelernt, die Flöhe husten zu hören, Stimmungen im Raum aufzunehmen und unbewusst darauf zu reagieren, indem ich versuche, vorauszuahnen, was andere von mir erwarten. Das zu erfüllen, war einerseits befriedigend – da kommt wieder der Stolz ins Spiel –hat mich jedoch andererseits in die unmöglichsten Situationen gebracht. Wie oft habe ich mich für eine Aufgabe zur Verfügung gestellt, die ich eigentlich gar nicht erfüllen wollte oder konnte und mich kurze Zeit später darüber geärgert, dass ich mal wieder zu schnell ja gesagt bzw. mich freiwillig angeboten hatte. Andererseits habe ich zeitweise Stimmungen, Anliegen o. ä., die in der Luft lagen, gar nicht an mich herangelassen und „übersehen", wider besseres inneres Wissen. Ich **wollte** dann einfach nicht darauf hören, vermutlich, um mir irgendwelche Probleme vom Hals zu halten, die ich sonst hätte angehen müssen.

Meine Multitaskingfähigkeiten empfand ich lange als Stärke: So schafft man einfach viel. Dass damit die Möglichkeit, sich ganz auf eine Sache einzulassen, sich ihr hinzugeben, abgeschnitten ist, habe ich mir dabei nicht klar gemacht. Auf derselben Linie liegt mein unbewusster Versuch, immer dann, wenn mehrere Gespräche gleichzeitig in einem Raum geführt werden, möglichst viel davon mitzubekommen, ohne meinen eigenen Gesprächspartner zu verlassen. Auch das kann ich ziemlich gut; auf der Strecke bleibt dasselbe wie oben.

Von Gerald Hüther stammt der schöne Satz: „Die Unterdrückung und Abwehr von Betroffenheit ist der einzige Fehler, den wir bei der Bedienung unseres Gehirns machen können." So habe ich mich bewegt zwischen den beiden Polen Unterdrücken und Abwehren, ohne – da ist es wieder – dabei das richtige Maß zu finden. Bei mir kanalisierte sich das hinein, in das stets wiederkehrende Muster: Aufbruch, Selbstunterbrechung, Abbruch, neuer Aufbruch. Ich steckte in meinem „Energiekäfig" fest.

Es gibt aber noch so ein Lebensthema, nämlich die vielen Gedanken und Sorgen, die ich mir um mir anvertraute Menschen mache, ähnlich wie ich es bei meiner Mutter erlebt habe. Das hat mich über viele Jahre geplagt, je nachdem wie viel äußeren Anlass es gerade gab. Es hat mir unzählige schlaflose Nächte beschert, und das Wissen darum, dass meine Sorgen an der Situation nichts ändern werden, sondern schlicht Hirngespinste sind, die Ängste aus der Vergangenheit in die Gegenwart bzw. Zukunft projizieren, war nicht wirklich hilfreich. Vor einigen Jahren wurde das Sorgen-Thema so virulent, dass ich mir therapeutische Hilfe gesucht habe, mit der klaren Zielformulierung: Ich will nicht, wie meine Mutter, an gebrochenem Herzen sterben.

Zahlreiche einzelne Schritte, die ich gegangen bin, haben – das sehe ich heute in der Gesamtschau – dazu beigetragen, mich aus der „Opferrolle", dem Ausgeliefertsein an meine Muster, hinauszuführen; so durfte ich nach und nach die Souveränität über mein eigenes Leben (zurück)gewinnen. Ich konnte im vergangenen Jahr plötzlich sehen, dass ich in meinem Leben immer dann in die Irre gegangen bin, wenn ich mich von meiner unmittelbaren Wahrnehmung entfernt habe.

Der Hintergrund und Motor all der Fehlversuche ist eindeutig: Es ist der Wunsch nach Liebe und Verbundenheit und die Hoffnung, in dem ureigensten Sein wahrgenommen zu werden. Nicht nur Kinder, auch Erwachsene wollen gesehen werden, und zwar nicht im Lichte ihrer Leistung, sondern im Lichte ihres Seins.

MÄNNER

Allen Partnerschaften in meinem Leben – bis auf die nun schon seit 20 Jahren andauernde – liegt ein Rettungsbedürfnis zu Grunde. Es ist der Zwang, das eigene Heil in der Rettung und Bekehrung anderer zu finden, dabei verkennend, dass die einzige wirksame Einwirkung auf Menschen darin besteht, dass ich mit mir selbst im Einklang bin. So bin ich vorzugsweise an Männer geraten, die mir in irgendeiner Art und Weise Bedürftigkeit signalisiert haben. Und sofort ist das Muster angesprungen. Dieses Muster war so wirksam, dass es mich mit 17 Jahren in eine

Vergewaltigungsgeschichte gebracht hat, in der der Mann nicht **mich** direkt angegriffen hat, sondern mit einer realen Pistole in der Hand drohte, **sich** zu erschießen, wenn ich ihm nicht zu Willen bin. Bei einem körperlichen Angriff hätte ich mich ganz sicher zur Wehr gesetzt, aber in diesem, meinem Muster gefangen, war ich völlig machtlos.

Heute ist mir klar, warum alle diese Rettungsversuche nicht gelingen konnten: Beide Partner haben die jeweiligen Vorstellungen davon, wie der andere ist und wie er eigentlich sein sollte, im realen Wortsinn vor sich gestellt und damit die Sicht auf das Wesentliche **ver**stellt. Diese Wände aus Vorstellungen waren oft so fest gemauert, dass Durchbrechen unmöglich war. Das gilt auch und insbesondere für meine langjährige erste Ehe. Gleichzeitig verdanke ich ihr drei wunderbare Kinder, die, trotz des Marathonkampfes ihrer Eltern, alle auf einem guten, sehr eigenen Weg sind. Sie, die Kinder, waren einer der Gründe dafür, dass ich so lange an dieser Ehe festgehalten habe. Im Hinterkopf immer die beiden Familiensätze: „Was man einmal begonnen hat, das bringt man auch gut zu Ende, wenn man sich nur ausreichend bemüht", und: „Man ist sein Leben lang verantwortlich für das, was man sich vertraut gemacht hat."

Heute weiß ich längst, dass Verantwortung weniger mit unbedingtem Dranbleiben, Sich-zuständig-Fühlen und dem Unterstützen des anderen zu tun hat als vielmehr mit der „Antwort", die ja bereits im Wort enthalten ist. Wenn ich nicht die passenden Antworten auf eine von sogenannter Verantwortung geprägten Situation habe, werde ich scheitern. Die passende Antwort aber kann der betroffene Mensch nur selber finden.

Der Blick auf die Psychodynamik meines Lebens könnte die Vermutung nahelegen, dass es sich **immer** schwer und anstrengend angefühlt hat; und es ist wahr: Ganz oft war es so. Die Worte **immer** und **nie** jedoch kommen in meinem Wortschatz kaum noch vor, denn natürlich gab es auch zahlreiche Phasen der relativen Ruhe. Schöne Erlebnisse jedweder Art, meist im Zusammensein mit anderen, vor allem mit einigen wenigen wirklichen Freunden. Beschäftigungen, die mich für eine Weile völlig ausgefüllt haben. Meine wunderbaren Kinder, immer bereit, mich an ihrem Leben teilhaben zu lassen. Spirituelle Momente, Projekte, die gelungen sind, usw. Ich hatte und habe viele gute Zeiten in meinem Leben, und ich bin eine unerschütterliche Optimistin, ohne Sorge um meine eigene Zukunft. Sorgen mache ich mir eher um andere; für mich selber weiß ich, dass ich mich mit (fast) allen äußeren Gegebenheiten arrangieren kann. Sicherheitsdenken ist mir fremd, und für diese Gewissheit bin ich dankbar.

Dankbar auch stelle ich fest, dass so vieles, was mich in meinem Leben geplagt hat und was ich nicht begriffen habe, jetzt aus dem Schatten ins Licht tritt. Das Schwere und das Schöne – immer ist alles gleichzeitig da, „Leben" und „Tod"; zwischen diesen Polen spannt sich das Sein aus. Mal ist der eine, mal der andere Pol näher. Oder, wie meine Mutter es auszudrücken pflegte: „Lachen und Weinen – alles in einem Sack." Die tiefere Dimension ihrer zahllosen, stets präsenten Lebensweisheiten erschließt sich mir erst nach und nach.

Ich bin vollkommen einverstanden mit allem, was zu meinem Leben dazu gehört. Ich bewerte nichts mehr und schon gar nicht trage ich irgendjemandem irgendetwas nach. Ich wüsste heute nichts, was mich kränken oder beleidigen könnte, und das fühlt sich richtig gut an. Und nicht etwa, weil ich entschieden hätte, mich nicht mehr angreifbar zu machen oder trainiert hätte, mit Kränkungen besser umzugehen. Nicht, indem ich mich irgendwie konditioniert hätte. Ich habe zu jedem Zeitpunkt meines Lebens genau das getan, was mir möglich war – so wie jeder andere Mensch das auch tut. „Es ist was es ist – sagt die Liebe." (Erich Fried)

Möglicherweise hat Udo Jürgens ja recht: Mit 66 Jahren, da fängt das Leben an …

In einigen Wochen bin ich 66. Vermutlich werde ich nicht im Park rocken oder mit 110 PS auf dem Motorrad durch die Gegend fegen … aber schau'n wir mal … mir gefallen Aufbruch und Leichtigkeit, die in diesem Lied schwingen.

… Und sofort höre ich im Hinterkopf meinen Vater sagen: „Wenn du wissen willst, wie es im wirklichen Leben bestimmt nicht zugeht, musst du nur Groschenromane lesen (@ Jugend: Groschenromane nennt man heute „Soaps“, und man liest sie nicht mehr, sondern streamt sie) und Schlager hören“, und ich antworte: „Ja, Vater, wenn du dich da mal nicht täuschst!“ Man kann nämlich im Leben fast alles als Inspiration und Dünger für das eigene Wachstum verwenden.

Lass dir an meiner Gnade genügen;
denn meine Kraft ist in den
Schwachen mächtig.

1. Korinther 12,9

3 PARADIGMENWECHSEL IN DER THERAPIE

Wenn ich hier über Psychotherapie schreibe, dann nicht mit dem Anspruch, eine umfassende Einschätzung zu präsentieren. Der Impuls dazu ist schlicht, meinen eigenen Erfahrungen mit diesem Thema nachzugehen.

In der Einführung erwähnte ich es bereits: Ich habe schon immer wissen wollen, wie Menschen ticken. Das schließt mich selber ein. Wie ein Schwamm sauge ich alles auf, was mir dazu vor die Füße fällt. Dabei rede ich hier sowohl über Angelesenes, in Begegnungen mit Menschen Erworbenes wie auch über diverse Therapieerfahrungen, sei es einzeln oder in der Gruppe.

Ich bin im Laufe der Jahre mit ganz unterschiedlichen Ansätzen in Berührung gekommen; konnte mich schnell für etwas begeistern, von dem mir schien, es sei passend und könne mich weiterbringen.

Wenn ich mich richtig erinnere, war der erste Ansatz, das erste Modell, auf das ich stieß, das Enneagramm, eine vom Sufismus überlieferte Typenlehre zur Beschreibung neun verschiedener Persönlichkeitsstrukturen. Ich fühlte mich erstmals in meinem Leben durchschaut. Ich weiß es noch wie heute: Ich saß hinten im Auto und las während einer langen Fahrt ein Buch darüber und auf einmal liefen die Tränen; ich war zutiefst erschüttert: Empfand ich es doch als erhellend und beschämend zugleich. Das ist mir im Übrigen häufiger so gegangen: Es war wunderbar, Erklärungen dafür an die Hand zu bekommen, warum ich so bin, wie ich bin, und zugleich habe ich mich geschämt, dass ich meinen Mustern so ausgeliefert war. Ich bekam den allerersten Hauch einer Ahnung davon, dass und welche Kräfte das eigene Verhalten unbemerkt im Hintergrund bestimmen.

Und dann ging's weiter, immer weiter und wenn ich dachte: *Jetzt hab ich's!,* merkte ich, dass es auch hinter dem erweiterten Horizont noch weiterging.

Auf die Arbeit mit dem Enneagramm folgten eine tiefenpsychologisch ausgerichtete Gesprächstherapie und die Beschäftigung mit lösungs- und zielorientierten Ansätzen. Das schien mir ziemlich einleuchtend, denn „Wo ein Wille/Ziel ist, ist auch ein Weg" fühlte sich vertraut an – hilfreich war es nicht; bekam ich doch wieder einmal „mehr vom Gleichen" (Watzlawick).

Ich landete in der bioenergetisch ausgerichteten Schiene, denn das vage Gefühl, dass der Körper *auch irgendwie dazugehört,* war durchaus vorhanden. Meine Erfahrung mit dem Ausagieren, das ich da erlebte, war gleichermaßen abschreckend wie abgehoben. Ich fühlte mich überhaupt nicht mehr geerdet, nur ausgepowert auf unangenehme Art.

Was mich nie angesprochen hat, weil sie mir wenig tiefgreifend erschienen, sind kognitive Therapieansätze, auch wenn die Verhaltenstherapie in Deutschland derzeit die dominante Therapieform, die von den Krankenkassen problemlos bezahlt wird, ist. Dort wird davon ausgegangen, dass alles (Fehl-)Verhalten, das irgendwann erlernt wurde, auch wieder *ver*lernt werden kann. Eigene Erfahrungen habe ich damit allerdings nicht gemacht.

Ich hatte etliche spannende Begegnungen mit meinem „Inneren Team" (Friedemann Schulz von Thun, Das Hamburger Kommunikationsmodell) das mich eine ganze Weile begleitet hat, weil es so anschaulich, alltagstauglich und damit leicht zugänglich ist. Allerdings haben sich einige der in den tiefsten Tiefen unter der Theaterbühne versteckten Akteure standhaft geweigert, ins Rampenlicht zu treten und offen auf der Bühne meines Lebens mitzuspielen.

Auf ähnlicher Linie liegt die Arbeit mit dem IFS, dem inneren Familiensystem, das von Richard C. Schwartz entwickelt wurde.

Vor ca. 25 Jahren stieß ich auf die Bücher von Peter Schellenbaum und die Psychoenergetik, die er selbst später Leibpsychotherapie nannte. Ich war einige Male bei ihm in Zürich und im Tessin und habe später dort auch eine Weiterbildung gemacht. Aus heutiger Sicht war das genau der richtige Schritt, und ich bin nach wie vor davon überzeugt, dass es der ganzheitlichste Ansatz ist, der mir je begegnete.

„Psychoenergetik ist der tiefenpsychologische Zugang zur Energieerfahrung als einer Grunderfahrung des Daseins, die

Lebenshemmungen auflöst und die Voraussetzung für seelisches Wachstum schafft. Sie ordnet die inhaltliche Analyse der Kindheitserinnerungen, der aktuellen Lebenssituation und des sich in Symbolen aussprechenden Zukunftpotentials eines Menschen einem gemeinsamen Kriterium unter, nämlich ob Leben bewegt oder verhindert wird." (Peter Schellenbaum in „Die Wunde der Ungeliebten", Kösel-Verlag 1988, S. 40)

Ich verdanke der Psychoenergetik einige wichtige Schritte, die sich auch in meinem Leben verankert haben, nur standen diese Teilentwicklungen – das ist mir heute erst bewusst – unverbunden nebeneinander und hatten deshalb keinen durchgreifenden, integrierenden Einfluss auf mein Leben.

Dennoch kam es, wie es kommen musste: Ich machte eine psychotherapeutische Ausbildung zur Heilpraktikerin für Psychotherapie. Neben der Psychoenergetik, die ich mir selber aussuchte, kamen in der Ausbildung Klientenzentrierte Gesprächstherapie nach Rogers, Hypnotherapie nach Milton H. Erickson und Familienstellen nach Hellinger vor. Weder Hypnotherapie noch das Familienstellen wurden in dem Heilpraktiker-Kolleg für mein Empfinden ausreichend seriös und fundiert unterrichtet, so dass ich nie damit gearbeitet habe. Erste Erfahrungen mit dem Familienstellen außerhalb der Ausbildung hingegen waren durchaus fruchtbar. Neben der Psychoenergetik sehe ich vielfältige Möglichkeiten in der Aufstellungsarbeit, auch wenn es durchaus Strömungen gibt, die mir nicht liegen. Beides sind keine introspektiven, sondern phänomenologische Ansätze, in der Gleichzeitigkeit von Denken und Spüren. Alles in allem fühlte ich mich, insbesondere in der Psychoenergetik, gut vorbereitet und wagte den Sprung in die eigene Praxis.

Nun ja, es hat nicht so gut geklappt, wie ich mir das gewünscht hätte. Es kamen Klienten, aber viel zu wenige, als dass die Aussicht bestanden hätte, je davon leben zu können, wie es meine Hoffnung gewesen war.

Damals führte ich es darauf zurück, dass die Menschen hier im ländlichen Raum nicht offen genug waren. Erlebte ich es doch immer mal wieder, dass sie weiter entfernt parkten, nur damit niemand mitbekommen konnte, dass sie zu mir gingen. Außerdem liegt es mir gar nicht, mich selbst zu vermarkten. Kurzum: Ich musste Geld verdienen, frisch getrennt mit drei Kindern, und bin wieder ganz in meinen eigentlichen Beruf als Physiotherapeutin zurückgekehrt.

Heute bin ich sicher, dass ich einfach noch nicht reif war. Mein eigener Weg war noch nicht so weit gegangen, als dass ich hätte ausreichend ansteckend wirken können. Im Übrigen bin ich davon überzeugt, dass die Persönlichkeit des Therapeuten sehr viel mehr zum Wohle oder auch Schaden seiner Klienten beiträgt als der jeweilige Therapieansatz.

Meine nächsten Erfahrungen machte ich mit der systemischen Familientherapie. Ich erlebe sie als sehr hilfreich, wenn ich ein klar umrissenes Problem anschauen und lösen möchte. Auf meinem inneren Weg hat sie mich nicht wirklich weitergebracht.

Aber vielleicht stimmt das ja alles so gar nicht – wer weiß schon genau, was mich weitergebracht hat? Die jahrelange kognitive Beschäftigung mit der Psychologie, gepaart mit persönlichen Therapieerfahrungen, hat mir einen gut gefüllten Werkzeugkasten beschert, dessen Einsatz ganz sicher dazu beigetragen hat, dass ich zahlreiche Schritte gehen konnte. Nur gab es keinen geradlinigen, erkenn- und nachvollziehbaren Weg, der auf eine Therapie zurückzuführen wäre; nichts war für sich genommen und substantiell in der Lage, mir zur Entdeckung und Entwicklung eines inneren Kompasses zu verhelfen; alle Erkenntnisse und alles Wissen, welches ich im Laufe der Zeit erworben habe, konnten das nicht leisten.

Die meisten Ansätze, mit denen ich näher in Berührung gekommen bin, setzen auf Introspektion, und die sich daraus aufdrängenden Veränderungsschritte beruhen allesamt auf Vorstellungen. Ob sie Zielorientierung, Lösungsorientierung, Selbstoptimierung, Reframing oder wie auch immer heißen. Ich mache mich selber zum Objekt, das verändert werden will und soll: Daher sind diese Ansätze im weitesten Sinne alle dem Konstruktivismus zuzurechnen. Es hilft dabei nicht wirklich, dass der Kopf rund ist, damit das Denken auch mal eine andere Richtung nehmen kann. Der Weg zwischen Kopf und Herz ist nun mal die längste Entfernung im menschlichen Leib. Die Psychoenergetik hätte ein Weg für mich sein können, der aber zum damaligen Zeitpunkt aus oben bereits genannten Gründen noch nicht meiner werden konnte.

Auch der allgegenwärtige Hinweis, man müsse dieses oder jenes jetzt endlich loslassen, ist nicht besonders hilfreich. Loslassen kann ich etwas erst dann, wenn ich gewiss bin, dass mich etwas anderes trägt. Dann aber ist es eigentlich kein aktives, mit dem Kopf entschiedenes Loslassen mehr, sondern es endet einfach.

Die Grenzen der von außen initiierten Veränderungsversuche sind mir in den letzten Jahren immer deutlicher geworden; das bezieht sich im Übrigen nicht nur auf therapeutische, sondern auf viele, ganz unterschiedliche Lebensbereiche. Es leuchtet mir nicht nur zunehmend ein, sondern drängt sich geradezu auf, weshalb ich gar nicht anders kann, als in den folgenden Kapiteln auch einige dieser Themen genauer anzuschauen.

Wer in der Endlosanalyse stecken bleibt, vermeidet im Grunde, wirklich ins Leben einzutreten. Das verletzte innere Kind sucht vergeblich nach „Erlösung" und Befreiung aus dem Opferstatus, indem es akribisch und verbissen nach Ursachen in der eigenen Lebensgeschichte fahndet, die endlich schlüssig darlegen können, woher seine Verletzung und das Gefühl, ungeliebt gewesen zu sein, rühren. Damit folgt es der „traumatischen Spur", wie Peter Schellenbaum sie nennt; diese führt in die Selbstzerstörung und steht eindeutig im Dienste des Widerstandes dagegen, sich dem Leben, wie es sich gerade zeigt, zu überlassen.

Leben ist nichts anderes als der Verzicht auf die trügerische Geborgenheit hinter den Gittern aus Analyse, Bewertungszwang, Moral, Selbstkontrolle u.s.w., aus Angst vor der Hingabe an den Urgegensatz der Welt, nämlich Leben und Tod. Diese beiden sind die zwei Pole einer ungeteilten Lebensbewegung. Nur diese Hingabe öffnet das Ich-Gefängnis in den natürlichen Schicksalsfluss hinein.

Eigentlich ist es ganz einfach: Es genügt, einverstanden zu sein mit dem, was nun einmal zu unserem Leben gehört, zu dem einzigen Leben, das wir haben und das im Nachhinein nicht veränderbar ist, so sehr das auch wünschenswert erscheinen mag. Nur die Versöhnung mit dem eigenen Schicksal führt in die zeitlose Erfahrung der Lebensenergie.

„Gesetzt, wir sagen Ja zu einem einzigen Augenblick, so haben wir nicht nur zu uns selbst, sondern zu allem Dasein Ja gesagt." (F. Nietzsche)

Analyse und die daraus gewonnene Einsicht ist eben nicht, wie der Volksmund uns glauben machen möchte, der erste Schritt zur Besserung – sonst müsste ich schon lange „gut" sein. Vielleicht einer von mehreren, aber sicher nicht der erste. Ebenso wie **Nach**denken im Nachhinein stattfindet, haben wir es statt mit **Ein**sicht vielleicht eher mit **Nach**sicht zu tun. Ich werde möglicherweise nachsichtiger mit mir selbst oder anderen Menschen, wenn ich etwas eingesehen habe. Hier offenbart sich mir einmal mehr die Feststellung, dass unsere Sprache sehr viel korrekter und konkreter ist, als wir gewöhnlich registrieren.

Wenn man also überhaupt von einem ersten Schritt sprechen könnte, ist dieser aus meiner Sicht das Wahrnehmen und Zulassen von Betroffenheit. Daraus ergeben sich die nächsten Schritte in spürbewusstem Weitergehen, nämlich nicht **nur** gedacht oder **nur** gefühlt, sondern unter bewusster Verbindung mit allem, was der Leib, als Einheit von Körper, Geist und Seele verstanden, uns weist. Eine der verblüffendsten Verknüpfungen loser Enden, wie ich sie in der Einführung nenne, ist die Verbindung von neurobiologischen Erkenntnissen mit solchen der Psychologie: Eingebunden in das Leben ist alles gleichzeitig und **gleich gültig**, ja, nicht gleichgültig. Auch neurobiologische Erkenntnisse legen nämlich nahe, dass nicht die allerorten gegenwärtige Top-Down-Strategie weiterführt, sondern im Gegenteil: Es funktioniert nur Bottom-Up, und das gilt für das Individuum ebenso wie für Systeme.

Es ist gerade mal ein halbes Jahr her, dass ich mich mit der Frage konfrontiert sah, ob ich denksüchtig sei …danke, Thomas! Das war im ersten Moment ein irritierender, aber in der Folge unglaublich hilfreicher Hinweis. Tatsächlich denkt es ständig in mir, ebenso lästig wie schwer, dem zu entkommen. Seither übe ich mich darin, auch mein eigenes Denken erwartungsfrei einfach nur wahrzunehmen – und: Es verändert sich! Außerdem war es möglich, innerhalb einer phänomenologischen Aufstellungsarbeit meinen Komplexsatz an den Vater zurückzugeben.

Am nächsten Morgen wachte ich mit einem neuen Satz auf, nämlich dem, der diesem Kapitel voransteht: „Lass dir an meiner Gnade genügen."

Diese beiden Erlebnisse eröffneten mir meinen persönlichen Paradigmenwechsel in der Psychotherapie.

AM ENDE DER WEISHEIT STEHT DER ANFANG DES SPÜRENS …

*Das Heil der Welt liegt nicht in anderen Maßnahmen,
sondern in einer anderen Gesinnung.*

A. Schweitzer

*Die Probleme dieser Welt lassen sich nicht mit den gleichen
Denkweisen lösen, die sie erzeugt haben.*

A. Einstein

4 POLITIK UND GESELLSCHAFT

Was für den einzelnen Menschen gilt, gilt auch für die gesamte Menschheit:

Nur wenn wir aufhören, von außen und oben auf die Welt zu sehen und versuchen, sie zu verändern, kann Leben auch zukünftig gelingen.

Schauen wir doch einmal auf die politischen Landschaften unserer Zeit.

Manchmal fühle ich mich dabei wie in dem Märchen „Des Kaisers neue Kleider": Eigentlich ist doch unübersehbar, dass der Kaiser nackt ist.

Was will ich damit sagen?

Wir verschließen die Augen vor der Wirklichkeit. Längst ist sichtbar, dass die politischen Systeme der Vergangenheit in unserer Gegenwart Auslaufmodelle geworden sind.

Dennoch wird allerorten versucht, mit Macht die bestehenden Ordnungen irgendwie zu erhalten oder sie gegebenenfalls durch andere zu ersetzen. Da sich all unser Wissen und unsere Handlungsmöglichkeiten aus dem Wissen und den Erfahrungen der Vergangenheit speisen, ist es naheliegend, dass wir so nur „mehr vom Gleichen" (Watzlawick) bekommen können.

Das gilt im Übrigen für alle politischen Systeme und Staatsformen. Die Unterschiede bestehen lediglich in der Ausrichtung, die wiederum gespeist wird von den Entwicklungen, der Geschichte und dem Bewusstseinszustand, der in den jeweiligen Ländern gerade vorherrscht. Eine zentrale Rolle spielen dabei stets die wirtschaftliche und politische Lage, sprich die Anzahl der Menschen, die sich abgehängt fühlen. Die moderne Völkerwanderung, die Tatsache, dass so viele Menschen weltweit unterwegs sind, auf der Suche nach einem besseren Leben, zeigt doch deutlich, worum es geht: Menschen spüren am eigenen Leibe, sei es durch Hunger, Krieg, Verfolgung oder Chancenlosigkeit, wie aussichtslos es in ihrem aktuellen Umfeld erscheint, das Leben nach eigenen Vorstellungen gestalten zu können.

Und jetzt auch noch diese unsägliche Coronapandemie! Als hätten wir weltweit nicht schon genug Probleme …

Werfen wir also einen Blick auf das, was unsere politische Führung macht.

Vom moralischen Standpunkt aus betrachtet, vermutlich zunächst einmal nichts Falsches, indem sie den Schutz der sogenannten vulnerablen Gruppen in den Vordergrund stellt. Und es ist ja auch geradezu empörend, in einer angeblich vom humanistischen Gedanken getragenen Gesellschaft zu sagen, das Recht auf Leben und Gesundheit sei kein absoluter Wert, dem alles andere untergeordnet werden muss, so wie Wolfgang Schäuble das gewagt hat.

Ich sehe der Führung in diesem Lande nach, dass sie zu Beginn der Pandemie schlicht überfordert war und deshalb vorsichtshalber erst einmal alles stillgelegt hat. In Deutschland schüttet man ja gerne mal das Kind mit dem Bade aus.

Nun zeigt sich zunehmend Hilflosigkeit und verschleiernd damit einhergehender Aktionismus. Und da unterscheiden sich die Merkels, Laschets und Söders in dieser Republik nur marginal – je nach Persönlichkeit und politischer Couleur. Selbst wenn in diesem Wahljahr die Verantwortlichen vielleicht irgendwann Scholz, Habeck oder Lindner heißen und ihre Chance bekommen sollten, bringt uns das vermutlich auch nicht voran. Vielleicht geht es dann mal andersherum im Kreis. Ein politischer Dialog, in dem es möglich, erlaubt und sogar erwünscht ist, sehr unterschiedliche Positionen zu vertreten, offen zu diskutieren und an einem Konsens zu arbeiten, anstatt **nicht** zuzuhören und sich die immer gleichen Argumente und Ansichten um die Ohren zu schlagen, findet vorsichtshalber, zumindest in der öffentlichen Wahrnehmung, gar nicht mehr statt.

Politische Visionäre sind nirgends in Sicht und sind das auch schon lange nicht mehr gewesen. Wählen wir doch seit geraumer Zeit nur noch zwischen Pest und Cholera, nämlich diejenigen, bei denen wir subjektiv den Eindruck haben, sie richteten den geringsten Schaden an. Zudem fühlen sich viele Menschen getrieben, irgendwen zu wählen, nur damit die Ultrarechten oder Ultralinken kein allzu großes Gewicht bekommen. Wie krank ist das denn? Die Trumps, Erdogans, Putins und Orbans sind doch nicht irgendeine Naturkatastrophe, die uns von außen völlig überraschend überfallen hat. Sie bilden ab, worum es weltweit geht: um den verzweifelten Versuch, unter Zuhilfenahme längst vergangen geglaubter diktatorischer Staatsformen, dort wieder Ordnung herzustellen, wo zu viele aufbegehren. Das mag in der Vergangenheit funktioniert haben, aber die Zeit lässt sich nun einmal nicht zurückdrehen. Im Grunde erleben wir gerade, wie sich in unserer ach, so hochgelobten Demokratie zunehmend diktatorische Züge entwickeln, nicht so offensichtlich, eher verschleiert und latent, aber deshalb nicht minder perfide.

Selbst **wenn** ein politischer Visionär käme: Ich weiß nicht, wie der beweglich und mit leichtem Gepäck andere, neue Wege finden sollte. Hat er doch – zumindest in Deutschland – in seinem Rucksack so gewichtige Lasten wie Fraktionszwang und Berge von bürokratischen Anweisungen, um nur zwei der Schwergewichte zu nennen, mit sich zu schleppen.

Unabhängig von konkreten politischen Inhalten beobachte ich derzeit verschiedene Strategien in der Führung unseres Landes. Da sind diejenigen, die auf der wissenschaftlich intellektuellen Schiene unterwegs sind. Andere sehen Lösungsansätze in der Fokussierung des ökologischen, wieder andere des sozialen Gedankens. Und dann gibt es noch diejenigen, die ausnutzen, dass ein Großteil der Bevölkerung ins Kindheitsbewusstsein regrediert und nach dem starken Vater oder der starken Mutter ruft, die es bitteschön richten sollen. Das ist es, was die Söders & Co. auf den Plan ruft: Der Landesvater ist wieder populär.

Es ist ja nicht so, dass diese Corona-Krisenzeit leicht zu managen wäre. Leider gebe es ja keine Blaupause, so hört man. Niemand in diesem Land (außer ein paar Spinnern vielleicht, die sich ebenso dramatisch-gefährlich wie hilflos in ihren Ängsten und Abwehrmechanismen verstrickt haben) leugnet ernsthaft, dass wir ein massives Problem haben. Probleme verlangen nach Lösungen. Überall wird deshalb verzweifelt versucht, den „Untergang der Welt" irgendwie aufzuhalten, indem wir das Virus in den Griff bekommen.

„Wir müssen es irgendwie in den Griff bekommen" – das ist tatsächlich einer der häufigsten Sätze, der mir gerade aus den Medien entgegenschlägt. Und das um jeden Preis, koste es, was es wolle, und wenn wir das Leben schützen, so lange, bis kein Leben mehr da ist, was man schützen könnte – das höre ich zwischen den Zeilen. Jedes lineare Fortschreiten in der Kette von Ursachen und Wirkungen, jedes Wenn-Dann ist Selbsttäuschung. Die dabei zwangsläufig auftauchenden Schuldzuweisungen verhindern wesentliche, wendende Schritte; dienen sie doch vordergründig der eigenen Entlastung, der eigenen Ent-schuldung. Das kann man gerade jetzt in der Politik wunderbar beobachten: Wenn nicht die Verantwortlichen zu spät und zu wenig Impfstoff bestellt hätten, dann würden wir heute weiter sein in der Bewältigung der Pandemie, heißt es; diese Liste ließe sich beliebig fortsetzen. Auch diejenigen, die darauf hinweisen, dass es nicht hilfreich sei, Fehler der Vergangenheit stets aufs Neue zu benennen, tun es indirekt auch, nur besser getarnt.

Für die bis zu Beginn der Krise allgegenwärtigen Probleme bleibt im Augenblick ohnehin kein Raum mehr. Sie sind fast aus dem allgemeinen Bewusstsein verschwunden. *Eins nach dem anderen: Erst einmal müssen wir das Virus ausrotten, dann können wir weiter daran arbeiten, die Welt zu retten.* Die vermeintlichen Lösungen hauen sich die Politiker gegenseitig um die Ohren, ohne auch nur einen Schritt weiterzukommen. Im Gegenteil: Sie verschwenden wertvolle Zeit, die sie wenigstens für die Suche nach pragmatischen, kurzfristig hilfreichen Schritten hätten nutzen können, um so zumindest hin und wieder „vor die Lage" zu kommen.

Eine echte Lösung wird sich innerhalb dieses Systems ohnehin nicht finden lassen. Wie das biblische Volk bleiben wir, Gottes

Verheißung ignorierend, lieber bei den „Fleischtöpfen Ägyptens", in der Sklaverei, anstatt uns aufzumachen ins unbekannte „gelobte Land".

Die Bibel lehrt aber auch: Gott ist in Christus Mensch geworden. Heute strebt der Mensch Gottgleichheit an, indem er versucht, die Gesetzmäßigkeiten des Lebens und der Natur zu leugnen, sie außer Kraft und sich selbst über sie hinwegzusetzen.

Wir wissen schlichtweg nicht, wie tragfähige Veränderungen, ich würde es lieber Wandlungen nennen, aussehen werden, und wir können es auch nicht wissen. In ein neues Leben kann man sich nämlich nicht hineindenken, sondern nur in ein neues Denken hineinleben. Das bedeutet, das Leben und daraus entstehendes Handeln kommen **vor** dem oder wenigstens zugleich **mit** dem Denken! Inzwischen wurde von Wissenschaftlern, nur mal nebenbei bemerkt, mit bildgebenden Verfahren und Messungen herausgefunden, dass Handlungsimpulse bereits im Gehirn nachweisbar sind, **bevor** wir etwas bewusst denken.

Welche Provokation!

Haben wir nicht alle gelernt, **zuerst nach**zudenken und dann zu handeln?

Genaugenommen ist das bereits ein Widerspruch in sich: Es heißt **nach**denken, selten einmal **vor**denken, obwohl auch **das** Denken ist und nicht (Hinein)leben …

Wenn ich mich 100 Jahre zurückerinnere, fallen mir all die friedlichen kleinen und großen Revolutionen und Aufbrüche ein; Namen wie Mahatma Gandhi, Martin Luther King und Nelson Mandela zum Beispiel.

Es fallen mir Bewegungen ein: die 68er, Frauenbewegung, Anti-Atomkraft-Bewegung, Friedensbewegung, und aktuell Fridays for Future, #meToo und Genderbewegung.

Allen gemeinsam ist die klare Erkenntnis, dass Dinge furchtbar falsch laufen und dringend verändert werden müssen – gar keine Frage. Es waren und sind notwendige Aufschreie, die sicher gehört werden müssen. All diese Bewegungen rütteln Menschen wach und zwingen an vielen Stellen auch zum Handeln; doch seien wir mal ehrlich: Was hat sich dadurch wirklich verändert, nachhaltig, tragfähig, als Selbstverständlichkeit in der Mehrheit der Menschen verankert?

Nicht besonders viel, meine ich. Wie wenig Wirkung in alle Lebensbereiche hinein gelungen ist, lässt sich schön am derzeit allgegenwärtigen Thema „Gendern" beobachten und daran, dass #meToo 50 Jahre nach dem Höhepunkt der Frauenbewegung immer noch nötig ist. Mal ganz davon abgesehen, dass krampfhaftes Gendern aus meiner Sicht nebenbei unsere Sprache, zumindest die gesprochene, verunstaltet, ist es offenbar immer noch notwendig, in Wirtschaft und Politik mit verordneten Frauenquoten zu arbeiten. Wie wenig konnte also bewegt werden durch die zahlreichen Bewegungen!

Wie eingangs bereits festgestellt: nicht durch Stützen und Beschneiden, durch Eingriffe von außen kann Neues entstehen. Auch ein veredelter Baum, auf den andere Obstsorten gepfropft werden, bringt vielleicht eine Zeit lang bessere Ernten, aber er wird dadurch nicht zu einem neuen Baum und schon gar nicht zu einem, der sich vermehrt.

Selbst die friedliche Revolution in der DDR hat zwar vordergründig und in zahlreichen einzelnen Schicksalen vieles besser gemacht, aber schauen wir genau hin: Hat sich nicht auch da gezeigt, dass das Bessere des Guten Feind ist? Was hat die Wende denn wirklich gewendet? Sie hat ein unmenschliches System durch ein weniger unmenschliches ersetzt. Punkt. Nicht mehr und nicht weniger. Das hat einerseits viele Menschen abgehängt, während andere es als wunderbar, heilsam, lebensspendend oder wie auch immer erlebt haben. Aber es ist doch wie in der Medizin: Tauscht man ein kaputtes Gelenk gegen ein neues aus, fühlt der Patient sich deutlich besser, aber heil wird er davon nicht.

Verwundern sollte uns das nicht. Das Wort Revolution legt es nahe: Das lateinische Wort „revolutio" wird mit „das Zurückwälzen" übersetzt. (Sic!) Wikipedia bezeichnet Revolution als „grundlegenden und nachhaltigen strukturellen Wandel eines oder mehrerer Systeme, der meist abrupt oder in kurzer Zeit erfolgt".

Struktureller Wandel, da haben wir es doch schon wieder: Etwas, das nicht passt, wird passend gemacht.

Das ist nichts anderes als der Wahn, der jeglicher Selbstoptimierung zu Grunde liegt. Ich werde vielleicht besser, schöner, erfolgreicher, wenn ich an mir arbeite. Das macht mich zum Objekt meiner eigenen Bemühungen, aber nicht zu einem neuen Menschen.

Schon im Wort Revolution können wir erkennen, dass „Zurückwälzen" eigentlich gar nicht vorwärtsbringen **kann**. All diese Begriffe mit der Vorsilbe „Re" weisen rückwärts: Reform, Rehabilitation, Reproduktion, Renaissance, Rekonstruktion – alles rückwärtsgewandt! Mit neuen Vorzeichen zurück zum alten oder einfach zum entgegengesetzten Zustand.

Dennoch höre ich allenthalben: Dies und jenes muss dringend reformiert, regeneriert, renaturiert usw. werden.

Bei Dietrich Bonhoeffer steht irgendwo sinngemäß: Handle, als ob alles von dir abhinge, in dem Wissen, dass nichts von dir abhängt.

Folgt man dem, sind Revolutionen, das Aufdecken und Abstellen von Missständen jeglicher Art weiterhin unser aller Aufgabe.

Wir dürfen nur nicht dem Irrtum verfallen, dass unser konkretes Handeln im Einzelfall das **Ganze** nachhaltig verwandelt. Dennoch scheint es derzeit die einzige Möglichkeit zu sein, überhaupt Dinge zu ändern.

Überall wird gemahnt, es sei kurz vor zwölf, und man müsse an dieser und jener Stellschraube dringend und sofort drehen, um den Planeten zu retten. Dass es kurz vor zwölf ist, bestreite ich nicht, nur gibt es gar nicht genug Stellschrauben, an denen man noch erfolgreich drehen könnte. Sicher, vermutlich kann man den ein oder anderen kleinen Aufschub erwirken – und dann?

Die Coronapandemie ist nichts als ein Brandbeschleuniger: Dinge, die ohnehin längst sichtbar waren, Stellen, wo es längst brennt, werden mehr und mehr zur existenziellen Bedrohung. Zumindest fühlt sich das in der Pandemie für viele Menschen plötzlich so an. Das Virus kann jeden jederzeit erwischen; der Tod rückt näher und bringt sich unüberhörbar ins Gespräch. Die Auswirkungen des Klimawandels und des Artensterbens beispielsweise fühlen wir nicht ganz so unmittelbar. Aber ob Virus, Klima oder Tiere und Pflanzen: **Alles** ist Natur. Und es ist die Natur, die uns deutlich vor Augen führt, dass nicht wir sie, sondern sie uns beherrscht. Wir merken es nur nicht, gefangen in unserem Machbarkeitswahn! Immer noch meinen wir, alles in den Griff kriegen zu können.

Das, was der Club of Rome in seinem Bericht zur Lage der Menschheit schon 1972 als „Die Grenzen des Wachstums" aufgezeigte, hat nicht zu einem Umdenken und signifikanten Wandlungen geführt.

Ob die Coronapandemie dieses Potential hat, weiß ich nicht, auch wenn ich es mir wünschte. Wobei ich nach wie vor davon überzeugt bin, dass Um**denken** nicht das Mittel der Wahl ist. Ich würde es eher als „Um**spüren**" bezeichnen wollen, doch dafür geht es noch viel zu wenigen Menschen schlecht genug. Nur wenn äußerer Druck so lange anwächst, bis er sich in inneren Drang verwandelt, wird gefrorene Energie sich in Lebendigkeit verflüssigen; **das** ist heute die gesellschaftliche Herausforderung: diesen Druck überall viel früher wahrzunehmen und zuzulassen, im eigenen Gespür, statt zu meinen, auf den Einzelnen käme es jetzt auch nicht mehr an, nur weil gerade keine einfache Lösung der weltweiten Probleme in Sicht ist. Und da die Gesellschaft wir alle sind, liegt es nahe, wo wir beginnen müssen.

Zumindest erfahren jetzt unzählige Menschen vielleicht erstmals am eigenen Leib, dass der Machbarkeitsgedanke sich als das herausstellt, was er ist: ein Wahn, eine Illusion …Die Natur zeigt uns gerade in Form dieses unsichtbaren Virus, wer eigentlich die Hosen anhat. Wir alle sind Teil der Natur und ihres Grundprinzips „Stirb und Werde" – da beißt die Maus keinen Faden ab.

Egal, wer wo in der Welt gerade das Sagen hat: Allen ist gemeinsam, dass keinerlei Bewusstsein dafür erkennbar ist, dass die akute Krise und die zahlreichen, gerade verdrängten Krisen mit herkömmlichen Methoden nicht auflösbar sind. Zumindest habe ich das noch nirgends gehört.

Um den Tod zu verhindern, wird das Leben so begrenzt, dass sich immer mehr Menschen fragen, ob es das wirklich wert ist.

Wir sind zu einer Gesellschaft geworden, die alles daransetzt, den Tod aus ihrer Mitte zu verbannen. Thanatophobie nennt man das. Die vom Grunde her völlig banale Antwort darauf muss heißen: Ohne Tod ist gar kein Leben möglich; der Tod ist die Grundbedingung des Lebens.

Mir ist sehr wohl bewusst, dass sich das ganz anders anfühlt, wenn der reale Tod nah ist, sei es im privaten oder im beruflichen Umfeld derjenigen, die ihn täglich direkt vor Augen haben, die das Leiden und Sterben miterleben und begleiten müssen. Genau das, die Tatsache, dass in dieser Pandemie unzählige Menschen sterben, macht es ja gerade so schwer, sich dennoch die Notwendigkeit des Sterbens vieler unserer **Vorstellungen** bewusst zu machen.

Aber ist es deshalb verwerflich, die Dinge beim Namen zu nennen? Ein Blick in die Natur führt es uns doch vor Augen, dass die Bedingung des Lebens der Tod ist. Schon in der Bibel steht: „Wenn das Weizenkorn nicht auf die Erde fällt und stirbt, bleibt es allein; wenn es aber stirbt, bringt es reiche Frucht." (Joh. 12, 24)

Sich diese naturgegebene Wahrheit vom Leib zu halten, indem man das, was ist, nicht wahrhaben will, nennt man magisches Denken. Es ist Kinderglaube, davon auszugehen, dass Dinge verschwinden, wenn ich nur lang genug die Augen verschließe oder mich abwende.

Das ist ein Dilemma. Und es lässt sich, wie alle Dilemmata – das zeigt der Blick in die Geschichte – nicht lösen, indem man es leugnet oder mit Macht versucht, es wegzuschieben. Das gelingt allenfalls für eine Weile und in bestimmten Bereichen, um dann an anderer Stelle erst recht zuzuschlagen. Die Büchse der

Pandora ist weit geöffnet, und auch wenn allenthalben Versuche unternommen werden, den Deckel ein Stückchen hinunterzudrücken, wird sie sich nicht mehr schließen lassen.

Was ist seit Beginn der Aufklärung nicht alles geschehen: Zuvor undenkbare Erkenntnisse sind heute Allgemeingut. Die Technik hat unfassbare Fortschritte gemacht, von denen wir alle täglich profitieren und die niemand von uns missen möchte. All der Fortschritt will uns glauben machen, dass noch mehr Forschung und Erkenntnis uns irgendwann schon den Stein der Weisen bescheren wird.

Aber wir sehen doch gerade mehr als deutlich, dass uns dieser Fortschrittsglaube genau dahin gebracht hat, wo wir heute stehen. Allzu gerne legen wir das, was unsere eigene Verantwortung wäre, in die Hände derjenigen, die uns Lösungen, wenn nicht gar das Heil versprechen. Die Wissenschaft ist die neue Religion.

Nur bleibt sie die Antwort auf die Sinnfrage, die Menschen von jeher von der Religion erwarten, schuldig. Die Aufgabe der Wissenschaft ist, zu beobachten und Zusammenhänge herzustellen, und das tut sie heute auf geniale Art. Dabei liefert sie allerdings nur Antworten auf genau die Fragen, die ihr gestellt werden. Diese Fragenauswahl jedoch ist vollkommen willkürlich, denn sie wird vom jeweiligen Fragesteller getroffen und ist allein dadurch schon begrenzt. Eine umfassende Antwort auf das, was das Coronavirus letztlich bedeutet oder vielleicht auch uns vor Augen führen will, hat sie keine Antwort. Selten ist so offensichtlich geworden wie in der aktuellen Krise, wie verunsichernd die täglich neuen und sich zum Teil widersprechenden Antworten der Wissenschaft auf Menschen wirken. Neben zahllosen anderen Aspekten ist Forschung eben nur ein ganz kleiner *Teilaspekt* des Lebens und somit ungeeignet, Menschen so etwas wie Heimat und Sicherheit zu geben.

Daneben leistet die Wissenschaft durch Forschungsergebnisse an vielen Stellen dem sich ausbreitenden Machbarkeitswahn Vorschub. Die Frage, ob etwas, nur weil es technisch realisierbar ist, auch Sinn macht, gerät dabei fast in den Hintergrund.

Ich bringe ein Beispiel, um zu verdeutlichen, was ich meine. In den USA hat kürzlich ein Kind per Gesetz drei soziale Väter zugesprochen bekommen. Entstanden ist dieses Kind aus der Eizelle einer Frau und dem Samen eines von drei mit ihr befreundeten „Vätern". Ausgetragen wurde es von einer Leihmutter. Das menschliche Erheben über die göttliche Natur wird zunehmend selbstverständlich und diese Hybris gar nicht mehr hinterfragt, zumindest nicht laut und deutlich. Die seelische Hypothek, die ein auf solche Weise gezeugtes Kind in seinem Leben tragen muss, ist der Preis für die Verbindung von Machbarkeitswahn und Egoismus. Und es ist eine vermeidbare Hypothek. In therapeutischen Zusammenhängen trifft man immer wieder auf Menschen, die oft lebenslang schwer an den Folgen einer nicht natürlichen Familiengeschichte zu tragen haben. Und hier rede ich von den *nicht* vermeidbaren Folgen, entstanden aus der Tatsache, dass leibliche Eltern nicht zur Verfügung standen. Auch noch so liebevolle Adoptiveltern sind nur die zweitbeste Lösung, wenngleich ich diesen Menschen hohen Respekt zolle. Aber sie haben sich um Kinder bemüht, die in Notlagen geraten sind, die also schon leben. Sie haben keine Kinder in eine Notlage hineingezeugt.

Zurück zur Coronapandemie. Wir leben in einer Zeitenwende, in einer Wendezeit. Und sie wird uns wenden, diese Zeit – ob uns das passt oder nicht. Ach, könnte Corona uns doch lehren, dass wir Menschen nichts, aber auch gar nichts wirklich im Griff haben!

Selbstverständlich habe auch ich keine Lösung. Wie oben bereits erwähnt: In ein neues Leben kann man sich nicht hineindenken, sondern nur in ein neues Denken hineinleben.

Und darum geht es letztendlich: um ein *neues* Leben, kein verändertes, besser erforschtes, reformiertes, revolutioniertes … das hatten wir alles schon.

Auf meinem ganz persönlichen, eigenen Weg erfahre ich gerade die Wirksamkeit von spürbewusstem, erwartungsfreiem Weitergehen. Warum sollte das nicht für die Menschheit ein Weg sein, wenn es beim Einzelnen möglich ist? Wie genau das aussehen könnte, kann und muss ich gar nicht wissen.

Was sagt Konfuzius so treffend: Der Weg ist das Ziel.

Ich sage: Neue Wege entstehen, indem man sie geht. Das beobachte ich ganz real und konkret seit längerer Zeit an mehreren Stellen auf meinem Waldwanderweg: Bäume, die quer über dem Weg liegen und nicht weggeräumt werden, führen dazu, dass der ursprünglich kaum sichtbare Trampelpfad außen herum jetzt deutlich ausgebildet ist.

Vielleicht ist es an der Zeit, das auf sich wirken zu lassen und sich von Ideen und Zielvorstellungen zu verabschieden. Vor-stellungen stelle ich vor mich hin, ich laufe Gefahr, mir den Blick zu verstellen und trenne mich so von der unmittelbaren Wahrnehmung dessen, was jetzt gerade an der Reihe ist.

*Krieg ist die höchste Form
der Selbstbehauptung eines Volkes*

C. von Clausewitz
Militärwissenschaftler
(1780-1831)

5 DIE UNTERSCHÄTZTE MACHT DER WORTE

Lasse ich derzeit die allgemeine Stimmung in der Bevölkerung und die Terminologie der täglichen Berichterstattung in den Medien so unvoreingenommen wie möglich auf mich wirken, so drängt sich mir förmlich auf, dass wir uns im Kriegszustand befinden.

So wie der Auslöser für den Ersten Weltkrieg das Attentat von Sarajevo war, ist es heute das Attentat des Coronavirus auf die Menschen. Und wie in der Vergangenheit dient es auch hier als moralische Rechtfertigung, die Generalmobilmachung einzuleiten. Inzwischen ist die Kriegsmaschinerie längst in Gang gekommen – allein die Wortwahl, derer sich unsere Führung im Lande bedient, legt das nahe. Es ist die Rede von Angriff und Verteidigung, von Kampf und Sieg, denen alles untergeordnet wird.

Die Öffentlichkeit wird täglich mit Durchhalteparolen, die häufig als oberlehrerhafte Ermahnungen getarnt daherkommen, darauf eingestimmt, mitzumachen. So etwas gelingt erfahrungsgemäß am leichtesten, wenn man die Angst in der Bevölkerung schürt und beständig wachhält. Die Risikokommunikation in den Leitmedien, im Internet und durch die zahllosen einzelnen Experten, die sich gefragt oder ungefragt zu Wort melden, trägt zur allgemeinen Verunsicherung bei und leistet damit dieser Angst perfekten Vorschub. Dass es keine Sicherheit gibt, ja gar nicht geben kann, wird nicht offen kommuniziert.

Allerdings beobachte ich auch, dass Appelle und Durchhalteparolen immer verzweifelter daherkommen, und ich frage mich dann manchmal, ob die Parolenrufer nicht in erster Linie sich selber von der Alternativlosigkeit des eingeschlagenen Weges überzeugen wollen. Das fiel mir kürzlich besonders eindrucksvoll auf, als ich versehentlich den Ton am Fernseher abgestellt hatte und so eine pantomimische Vorführung dieser Verzweiflung in Gestalt von Angela Merkel und Markus Söder erleben konnte. Die eine in flehentlich händeringender Attitüde, der andere mit versteckt drohendem, staatsmännischem Gehabe, so nach dem Motto: „Wenn ihr nicht hört, werdet ihr uns alle ins Grab reißen, aber sagt dann nicht, ich hätte euch nicht gewarnt."

Der Kriegszustand dient von je her als Rechtfertigung für Einschränkungen der Bürgerrechte. Ausgangssperren werden verhängt; und nur die Tatsache, dass das Virus offenbar nicht auf Licht reagiert, erspart uns vermutlich die Verdunkelung. Hier und da wächst wieder Blockwartmentalität heran: „Fahnenflüchtige" und Saboteure, die die Regeln missachten, werden denunziert und an den Pranger gestellt. Es wird ihnen unsolidarisches Verhalten vorgeworfen, und man belegt sie mit Strafen. Sich selbst strukturierende – nicht die eingeforderte – Solidarität auf dem Weg zu einem gemeinsamen Ziel bröckelt überall und wird mehr und mehr verloren gehen, weil das Vertrauen in die Maßnahmen im Umgang mit der Pandemie in weiten Teilen der Bevölkerung schwindet. Dabei ist „Fahnenflucht", wie in anderen Kriegen auch, nichts anderes als entweder der hilflose Ausdruck von Angst oder offener Protest gegen die Kriegsführung. Die Protestierenden haben sich längst zusammengefunden, und noch ist ihr Protest sichtbar, doch befürchte ich, dass guerillaähnliche Strukturen im Untergrund bereits angedacht werden. Wer sich solcher Strukturen dann zur Durchsetzung eigener, völlig anders gelagerter Ziele bemächtigen könnte, das will ich mir nicht vorstellen.

Die Kriegsberichterstattung liefert täglich die Zahl der Bedrohten (Infizierten) und der Toten frei Haus. Alle 14 Tage treten die Kriegsstrategen, 16 Generäle, verkleidet als Ministerpräsidenten, zusammen mit der obersten Heeresleitung an die Öffentlichkeit, um ihre Durchhalteparolen, die sich durchaus unterscheiden, an den Mann und die Frau zu bringen. Unterstützt wird dieser Generalstab dabei durch das Robert Koch-Institut (RKI) und Wissenschaftler, seine militärischen, nämlich auf Kampf gegen das Virus spezialisierten Berater.

Inzwischen wird die Mobilisierung der letzten Reserven an vorgeblich berechtigte Hoffnung auf den Endsieg geknüpft: Impfstoffe, analog zu den neuesten Wunderwaffen, sollen es richten und den Krieg beenden. Das mag zeitweiligen Waffenstillstand zur Folge haben; Frieden bringen auch die wirkungsvollsten Waffen erfahrungsgemäß nicht, leiten sie doch allenfalls in Kalten Krieg über.

Verbrannte Erde bleibt zurück und, wie nach jedem Krieg, sind auch die Folgen dieses Krieges verheerend, wenn auch bislang in ihrem ganzen Ausmaß noch nicht absehbar. In jedem Fall ist es die Zivilbevölkerung, die am meisten leidet, physisch, wirtschaftlich und psychisch. Die Bevölkerung hat nun mal keine Möglichkeit, sich dem eigenen Antrieb folgend zu verhalten und muss Entscheidungen hinnehmen. Dabei werden Infrastrukturen zerstört und unzählige Existenzen in den Abgrund gerissen. An diesen Folgen müssen die Kriegskinder und Enkel – das wurde insbesondere nach dem Zweiten Weltkrieg detailliert erforscht – noch jahrzehntelang tragen.

Ja, Menschen, insbesondere Kinder sind unfassbar anpassungsfähig. Nur darf man sich fragen, was es eigentlich ist, an das wir uns gerade anzupassen lernen. Sollte man diese Anpassungsfähigkeit nicht nutzen, um sich an das, was uns die Natur an Herausforderung schickt, und an das, was sie uns auch in Zukunft fraglos schicken wird, anzupassen? Sollten wir nicht versuchen, langfristig Wege zu finden, mit dem Virus zu leben, und vor allem die Macht der Worte nicht unterschätzen und uns von der Kriegsterminologie verabschieden?

Der Zenit des vor einem Jahr eingeschlagenen Weges, der aus meiner Sicht ein reiner Kampfmodus ist, wurde längst überschritten. Während alles darauf ausgerichtet ist, nicht in den coronainduzierten Abgrund zu stürzen, tun sich zunehmend andere Abgründe auf, die wir nicht aus dem Blick verlieren sollten.

Gesellschaftliche Verwerfungen zum Beispiel, im Privaten, wie in der Öffentlichkeit zeichnen sich ab. Natürlicherweise sehnen Menschen sich nach Sicherheit in unbekannten und als Bedrohung erlebten Szenarien. Da es absolute Sicherheit aber nie geben wird, richtet jeder sich dort ein, wo diese ihm am größten erscheint. Vehement schlagen sich dabei Impfgegner, Impfbefürworter, Leugner und Verschwörungstheoretiker die Argumente um die Ohren; sie versuchen verzweifelt, sich gegenseitig zu überzeugen und bekämpfen einander, anstatt sich darauf zu besinnen, dass Sicherheit nur eine Illusion ist, die sich für jeden Menschen anders anfühlt. Der Kampfmodus setzt sich fort bis hinein in Familien und Freundeskreise.

Das ist es, was mich nachdenklich und traurig stimmt; und es wird aus meiner Sicht befördert, durch die von einigen Seiten verwendete aggressive Terminologie im Umgang mit der Coronapandemie.

Um am Ende der Betrachtung über die Macht der Worte Missverständnissen vorzubeugen:

Ich leugne die Pandemie nicht und ich werde mich impfen lassen, weil sich das im Augenblick für mich richtig anfühlt. Für andere Menschen fühlt sich vielleicht eine andere Entscheidung richtig an – das ist einfach so.

Meine Vision jedoch, dass gegenseitiger Respekt auch dann möglich ist, wenn es um unterschiedliche Standpunkte und Überzeugungen geht, selbst bei einem Thema mit großem Spaltungspotential, diese Vision mag ich noch nicht aufgeben.

„Was tun Sie", wurde Herr K. gefragt,
„wenn Sie einen Menschen lieben?"
„Ich mache einen Entwurf von ihm",
sagte Herr K., „und sorge dafür,
dass er ihm ähnlich wird."
„Wer? Der Entwurf?" „Nein",
sagte Herr K., „der Mensch."

B. Brecht

6 BILDUNG

Dass in dem Begriff Bildung das Wort Bild steckt, ist mir erst aufgefallen, nachdem ich entschieden hatte, diesem Kapitel die kleine „Geschichte vom Herrn Keuner" voranzustellen.

Bemerkenswert, denn die meisten von uns würden es sicher weit von sich weisen, dass sie das tun, was der Herr K. macht. Schaut man sich allerdings manche Familien, Paare oder allgemein Verfechter bestimmter Vorstellungen aufmerksam an und hört genau hin, ist der Eindruck ein anderer. Da wird sich gegenseitig am Zeug geflickt, was das Zeug hält. Was nicht passt, soll passend gemacht werden.

Wenn ich mir ein Bild von etwas mache, lege ich das Abgebildete fest.

Das passt vielleicht für Urlaubsfotos, aber wollen wir wirklich Menschen, und noch dazu Kinder und Jugendliche, die gar keine andere Wahl bekommen, festlegen? In ein Bild pressen? Ist ein Mensch nicht immer viel mehr als das Bild, das ich mir von ihm mache?

Und das Ganze geschieht institutionalisiert, in unserem Bildungssystem? Kann das sein? Machen die, die das System einmal begründet haben, und die, die es reformiert haben, aber trotzdem noch darin gefangen sind, sich ein Bild von den Kindern, sorgen sie mit aller Macht, die sie in einem Land mit allgemeiner Schulpflicht haben, dafür, dass diese ihm ähnlich werden, damit sie später besser in die nächsten Systeme, die sie in ihrem Berufsleben erwarten, passen?

Erschreckenderweise komme ich zu genau dieser Erkenntnis.

Während ich dies schreibe, befinden uns im Februar 2021, ein Jahr nach Beginn der Coronapandemie; Präsenzunterricht findet so gut wie nicht statt und die Aufschreie werden immer lauter.

Generation Corona – abgehängt von der Bildung
Schülern fehlt ein ganzes Schuljahr
Kinder aus bildungsfernen Familien besonders betroffen
Krankenkassen berichten: Sechs Prozent mehr Anträge auf psychothera-
peutische Behandlung bei Kindern und Jugendlichen

Von welcher Bildung ist hier eigentlich die Rede?

Meinen wir das, was unseren Kindern meist gegen ihr eigenes Lernbedürfnis in der Schule eingetrichtert wird?

Das mag vielleicht noch für Grundschüler richtig sein, die im
Begriff sind, Kulturtechniken wie Lesen, Schreiben und Rech-
nen zu lernen, aber darüber hinaus?

Glauben wir wirklich, dass Schulwissen, nämlich das An-
häufen von überprüfbaren Inhalten, sinnvolle Bildung ist? In
einer Zeit, wo jede Information, die ich benötige, nur einen
Klick entfernt ist?

Wird nicht vielmehr jetzt deutlich sichtbar, was unseren Kindern im Bereich Bildung und auch im davon nicht trennbaren
wirklichen Leben fehlt?

Ich meine, ja.

Es ist an der Zeit, damit aufzuhören, alle paar Jahre, und dann
auch noch in 16 verschiedenen Bundesländern mit eigenen Kul-
tusministerien, jeweils etwas anderes Neues auszuprobieren; das
bindet Energie bei Lehrern und Schülern, ohne weiterzuführen.
Ideen werden entwickelt, verhandelt, der Mächtigste setzt sich mit
seiner Idee durch, nur um dann einige Zeit später festzustellen, dass
das wohl auch nicht die Lösung war. Aufbruch mit neuen Ideen,
am besten aus der genau entgegengesetzten Ecke, Abbruch, neuer
Aufbruch – Endlosschleife. Das beobachte ich seit meiner eigenen
Schulzeit, in der meiner Kinder und jetzt auch bei den Enkeln. Ich
höre, was befreundete und mit mir verwandte Lehrer beklagen.

Es ist an der Zeit, darüber zu reden, welche Grundbedingungen
erfüllt sein müssen, welcher Rahmen und Raum da sein muss,

damit Kinder überhaupt lernen können und vor allem wollen. Dann, aber auch erst dann, sollte man über Inhalte reden.

Erinnern wir uns, was mir im Zusammensein mit meinem kleinen Enkel, von dem im ersten Kapitel die Rede ist, bewusst wurde. Die Kinder selber bringen uns nämlich auf die Spur dessen, was sie wirklich brauchen, um zu lernen.

Zunächst einmal Verbundenheit. Das funktioniert in der Grundschule vielleicht noch ganz gut, weil viele Kinder ihre Lehrer lieben, sich mit ihnen verbunden fühlen und deshalb häufig gerne das lernen, was ihnen angetragen wird.

Dennoch: Auch hier beginnt schon der Wettbewerb, manchmal noch früher, im Kindergarten und bei den zahllosen Nachmittagsangeboten, die oft nur eine Verlängerung der Schulerfahrung sind und häufig auf Leistung ausgerichtet. Volle Terminkalender für Kinder …

Absichtsloses Entdecken, Erleben von eigener Kompetenz in spielerischem Rahmen sind auch am Nachmittag längst nicht überall vorgesehen. Kinder werden selbst dort bewertet und zu Wettbewerb angehalten.

In den Ferien ist zum Ausgleich für das anstrengende Lernen und den ganzen Schulstress Konsum und Berieseln angesagt, und es geht dann „all inclusive" in den Robinsonclub …

(Ich weiß: Die Animateure dort bemühen sich sehr und man kann tolle Sachen kennenlernen …)

Auslese und Optimierung beginnen, indem Kinder zum Objekt unserer Bemühungen gemacht werden. Kinder entwickeln durchaus Lust, sich miteinander zu messen, aber sie verbinden kein außerhalb von ihnen liegendes Ziel damit.

Diese Auslese aber scheint mir der zentrale Fehler zu sein. In dem Augenblick, in dem ich Menschen, und das gilt nicht nur für Kinder, zum Objekt mache, trenne ich sie von ihrem intrinsischen Drang zu lernen. Sie entscheiden, vielmehr spüren nicht mehr selber, welcher der nächste fällige Schritt ist, sondern haben zu funktionieren und fremdbestimmt zu lernen und zu handeln.

Man kann sich leicht ausmalen, wie schnell dann die Entdeckerfreude auf der Strecke bleibt. Die Lust an der Entdeckung eigener Gaben und sich daraus entwickelnder Kompetenzen wird fremd und verschwindet. Das Erleben von Selbstwirksamkeit, die ein so wunderbarer Dünger sein könnte, bleibt aus.

Systematisch wird in dem heute bestehenden Schulsystem den Kindern nicht nur die Freude am Lernen ausgetrieben. Das Ganze hat ja weitreichende Folgen. Wenn Kinder die Erfahrung von selbstinitiierten, zu ihnen passenden Lernschritten nicht mehr machen, verkümmern die dafür angelegten Pfade im Gehirn. Längst weiß man um die Plastizität des menschlichen Gehirns, was nichts anderes bedeutet – ich wiederhole es noch einmal –, als dass es lebenslang trainiert werden kann. Nicht anders als jeder Muskel, der verkümmert, wenn man ihn nicht nutzt, und irgendwann seine Arbeit einstellt. Der adäquate Reiz zur Ausbildung von individuellen Verknüpfungen im Gehirn fällt in unseren Bildungssystemen weitgehend weg.

Stattdessen werden Bahnen gelegt und immer tiefer ausgespurt, die bei der von außen gemachten Wissensvermittlung entstehen. Hirnforscher können das besser erklären, aber einleuchtend ist doch: Je mehr ein Bereich ungenutzt bleibt, desto schneller haben wir gar keinen Zugriff mehr auf ihn.

So können wir hochspezialisierte Menschen ausbilden, die aber gar nicht mehr wissen, wer sie vom Grunde her sind, wo ihre Stärken jenseits ihrer Spezialisierungen liegen usw. Sicher, auch trotz unseres Bildungssystems gibt es viele Menschen, die ihm nicht zum Opfer fallen und ihre eigene Lebensspur gut kennen und gehen. Vielleicht haben sie im nicht-schulischen Umfeld genügend Gelegenheiten für andere Erfahrungen gehabt.

Aber sie sind nicht in der Mehrheit.

Und es werden in meiner Wahrnehmung immer weniger; oder woher kommt es, dass zunehmend junge Menschen nach der Schule nicht recht wissen, was sie machen möchten? Das liegt sicher unter anderem daran, dass Berufsbilder heute so vielfältig und damit unüberschaubarer geworden sind. Einerseits ist immer weniger Jobs ein klares Berufsbild hinterlegt, andererseits sind häufig die Eingangsvoraussetzungen so eng gefasst, dass auch Menschen durch das Raster fallen, die von ihren Gaben und Stärken her für einen bestimmten Beruf durchaus geeignet wären. Nur scheitern sie schon im Vorfeld an gewissen Hürden.

Dennoch ist es enorm wichtig, herauszufinden, wo, jenseits von Fachwissen, die eigenen Stärken und auch Schwächen liegen, d. h. sich schon einmal in ganz unterschiedlichen Bereichen ausprobiert zu haben und sich die Entdeckerfreude des Kindes zu bewahren, neue, andere Lösungen zu finden.

Das dürfte sehr viel leichter fallen, wenn es, von der frühen Kindheit angefangen, dazu immer wieder Gelegenheiten gab, zum Beispiel auch in der Schule. In diesem Zusammenhang erinnere ich mich mit Entsetzen an den Einschulungstest eines meiner Söhne. Es ging um eine Zuordnungsaufgabe unter bestimmten, vorgegebenen Gesichtspunkten. Die Lösung, zu der mein Sohn kam, war absolut richtig, nur hat er nicht den naheliegenden, „üblichen" Weg dahin gewählt. Der Lehrer bestand vehement und eindringlich auf dem aus seiner Sicht richtigen Vorgehen, so lange, bis mein Sohn missmutig die Lösung seiner Aufgabe „korrigierte".

Und was ist mit den jungen Menschen, die auf die Frage nach ihren Berufswünschen nicht einmal mehr den Antrieb haben, etwas Geeignetes zu finden und antworten, sie würden eben „Hartzer" werden? Ist das nicht beschämend für eine Gesellschaft und sollte uns aufs Heftigste wachrütteln?

Ich erkenne sehr wohl an vielen Stellen und bei zahlreichen Menschen innerhalb des Bildungssystems das Bemühen, Veränderungen zu bewirken.

Im Vergleich zu meiner Kindheit werden Kinder heute viel ernster genommen, sie werden respektvoller behandelt. Ihre Meinung wird gehört usw. Aber wie kann ein Lehrer bei 30

Kindern in der Klasse einzelne hören und sehen? Es ist schlichtweg nicht möglich.

Häufig ist davon die Rede, wie sinnvoll es sei, sozusagen sein Hobby zum Beruf zu machen. Das heißt, sich ausgehend von dem, was man gerne, vielleicht sogar mit Leidenschaft tut, eine berufliche Tätigkeit zu suchen.

Das erscheint mir zu kurz gesprungen. Die Begabung eines Menschen, der mit Leidenschaft für viele andere kocht, muss nicht zwangsläufig im Kochen liegen. Vielleicht plant und organisiert er gut, oder er bringt gerne verschiedene Menschen zusammen, oder er liebt es, Tische zu decken und zu dekorieren ... Dann könnten seine Begabungen eher in diesen Bereichen liegen als im Kochen selbst.

Wenn ich über meine eigene Berufsfindung nachdenke, lagen – weil ich so gern und viel lese – die Berufe Bibliothekarin oder Buchhändlerin in der Luft und wurden von mir durchaus in Erwägung gezogen. Heute weiß ich, dass ich vermutlich in keinem dieser Berufe glücklich geworden wäre.

Auch die Berufsfindungstests und Berufspraktika, die in Schulen für höhere Klassen inzwischen obligatorisch sind, zeugen von dem gut gemeinten Versuch, Jugendlichen zu helfen, einen Überblick über das echte Berufsleben zu verschaffen. Zwar können sie so bestenfalls das eine oder andere ausschließen, aber den richtigen Platz für sich zu finden scheitert unter anderem daran, dass nur die ortsansässigen Betriebe zur Auswahl stehen, was das ganze Unterfangen sehr einschränkt. Es bleibt beim Blick von außen. Die Möglichkeit, selber zu spüren, wie man sich bei der Ausübung der besichtigten Tätigkeiten und allem, was daran hängt, fühlen würde, ist nicht vorgesehen und auch kaum realisierbar. Und dann müssen am Ende solcher Praktika für die Schule Berichte angefertigt werden, die sich in den Zeugnisnoten niederschlagen ...

Auch Einstellungsgespräche werden heutzutage in anderer Weise geführt als früher. Dienen sie doch eher dem zukünftigen Arbeitgeber, der feststellen kann, wie Bewerber sich in bestimmten, künstlich hergestellten Szenarien verhalten. Das hilft **ihm** herauszufinden, ob der Bewerber in seinen Betrieb passt, aber dem Bewerber nur bedingt bei der Einschätzung des künftigen Arbeitsumfeldes.

Es ist mir schon klar, dass es viel erhellender erscheint und vor allem schneller geht, wenn systematisch zusammengestellte Kriterien einer solchen Entscheidungsfindung zu Grunde gelegt werden. Sinnvoll ist das deshalb nicht automatisch.

In Zukunft werden wir für immer zahlreichere Tätigkeiten keine menschliche Arbeitskraft mehr benötigen, weil Maschinen es besser, schneller, effektiver und fehlerfrei machen können. Was wird dann aus all den freigestellten Menschen? Für Dauerurlaub fehlt das Geld, abgesehen davon, dass das nur in der Phantasie eine verlockende Perspektive und somit eine Illusion ist. Menschen brauchen Aufgaben und Herausforderungen, um nicht zu verkümmern. Das kann, muss aber nicht zwingend Erwerbsarbeit sein.

Ich habe keine Ahnung, wie unsere Arbeitswelt in Zukunft aussehen wird. Aber wie auch immer das sein wird, eins ist klar: **Darauf** bereitet unser derzeitiges Bildungssystem sicher nicht vor, ist es doch den heutigen Anforderungen schon kaum noch gewachsen und bereits zum Auslaufmodell geworden.

Alles übertrieben?

Vielleicht – aber Übertreibung veranschaulicht bekanntermaßen, und ich würde mich sehr gerne täuschen.

Wir reden hier schließlich über unsere wichtigste und entscheidende Ressource für die Zukunft: unsere Kinder!

Und zugleich sollten wir vor lauter Ratlosigkeit nicht vergessen, bzw. uns klarmachen, dass jede und jeder Einzelne von uns, wenn auch nicht professionell, in seinem ganz persönlichen Umfeld einen Beitrag dazu leisten kann, Kinder und junge Menschen zu begleiten. Bieten wir ihnen, wo immer es möglich ist, echte Erfahrungen und weniger Konsum. Vertrauen wir darauf, dass sie eigene Wege und Lösungen finden werden, wenn wir sie wohlwollend, ohne einzugreifen, begleiten und den dafür notwendigen Raum zur Verfügung stellen. Wir können sie unterstützen, indem wir ihnen Rückmeldung geben über das, was wir beim absichtslosen Beobachten feststellen. Wir können mit ihnen darüber ins Gespräch kommen, sie bestärken und dafür sensibilisieren, dass sie Begabungen haben, die nur entdeckt werden müssen. Wir können sie stärken und ermutigen, ihren eigenen Weg zu gehen. Die Aneignung von Fachwissen kommt erst im zweiten Schritt; und der wird viel leichter gelingen, wenn man den ersten nicht überspringt.

All das können Institutionen wie unser derzeitiges Bildungssystem nicht leisten. Es kann überhaupt nicht von außen, per Verordnung, gelingen. Es kann nur an vielen Stellen von unten wachsen.

Hoffnungsfroh stimmt mich, dass sich überall in diesem Land Menschen, und nicht in erster Linie die mit Bildungsverantwortung, bereits auf den Weg gemacht haben und kreative Schritte gehen.

Und noch ein kurzer Gedanke zum Schluss:

Wir beklagen alle die Gefahren, die insbesondere für Kinder im WorldWideWeb lauern. Medienkompetenz ist längst Schulfach. Technisch kann man Kindern da sicher viel beibringen, auch wenn wir in den Schulen fast nur noch die Jahrgänge der sogenannten „Digital Natives" haben, die meistens in allen Anwendungen fitter sind als mancher Erwachsene.

Was Kinder aber wirklich brauchen, sind tragfähige Bindungen und ein stabiles Selbst(wert)gefühl. Nur das kann sie immun machen gegen die zahllosen Verführungen und Verführer im Netz. Wenn sie einen inneren Kompass entwickeln konnten, sind sie gegen Beeinflussung von außen am besten gefeit.

Ja, Beeinflusser sind sie, all diejenigen, die man heute Influencer nennt. Und allein die Tatsache, dass sie sich vermehren wie die Fliegen, zeigt, welch einen riesigen Markt sie bei unserer Jugend vorfinden.

Manchmal beschleicht mich die Vermutung, dass die zahllosen „Viren" (und damit meine ich nicht in erster Linie ein klassisches Computervirus, sondern all die geistigen Brandstifter) im Internet, die, genau wie das Coronavirus einen Wirt brauchen, um sich vermehren zu können, nicht am Ende viel gefährlicher und bedrohlicher für den menschlichen Geist und damit für die ganze Menschheit sein werden, als es das Coronavirus für den Körper ist.

Zahllose Fragezeichen zu Beginn dieses Kapitels, das fällt mir auf, wenn ich so betrachte, was ich geschrieben habe. Die Fragezeichen bilden meine Fassungslosigkeit ab. Ist das wirklich alles so, oder unterliege ich einem fatalen Irrtum? Ich kann es fast nicht glauben und dennoch ist es das, was ich wahrnehme und damit für mich Realität.

Und nein, ich male nicht den Teufel an die Wand. Da hängt er nämlich längst; wie ein Chamäleon zeigt er sich jedem in der passenden Verkleidung und lacht sich ins Fäustchen.

Im Anfang war das Wort

Johannes 1/1

7 KIRCHE UND SPIRITUALITÄT

Wie bereits das erste Kapitel, in dem es um meine Herkunftsfamilie ging, vermuten lässt, bin ich evangelisch-lutherisch sozialisiert aufgewachsen, in einem kirchennahen und gleichzeitig vom persönlichen Glauben der Eltern, insbesondere der Mutter, geprägten Elternhaus. Manchmal sage ich: Ich bin statt mit Milch mit Kirchenliedern, Lebensweisheiten und biblischen Geschichten gesäugt worden. Das gilt zumindest für meine frühe Kindheit. Meine Mutter erzählt, ich habe ihr oft Tauschgeschäfte vorgeschlagen, wie: Ich (Brigitte, ca. vier Jahre alt) lese dir den „Kleinen Häwelmann" vor (ich kannte die Geschichte von Theodor Storm auswendig und wusste, an welchen Stellen man in unserem Buch umblättern musste), und du erzählst mir eine biblische Geschichte. Die von Josef und seinen Brüdern und Daniel in der Löwengrube wollte ich besonders oft hören, weil mir dann immer so ein gruselig-schöner Schauer den Rücken runtergelaufen ist. „Tremendum fascinans" nannte das meine Mutter, wobei sie kurzerhand die aus der Religionswissenschaft stammenden Begriffe „Mysterium tremendum" und „Mysterium fascinosum" zu ihrem eigenen Begriff zusammenfasste.

Etwas älter geworden, fand ich das Verhalten des 12-jährigen Jesus im Tempel empörend: Wie konnte er seinen Eltern das nur antun; während ich mir beim „Gleichnis vom barmherzigen Vater", in meiner Kindheit hieß es noch „Gleichnis vom verlorenen Sohn", nicht so sicher war, wie **mein** Vater wohl reagiert hätte. Zurückkommen dürfen, ja, aber ein Fest feiern? Die Geschichte vom verlorenen Schaf wiederum fand ich nicht besonders erstaunlich: Selbstverständlich sucht man nach dem! Wunderheilungen hingegen hielt ich für ziemlich übertrieben, wenn nicht gar für Humbug.

Diese Reihe ließe sich beliebig fortsetzen; was ich damit aufzeigen will ist, dass mein Verständnis der Bibel sehr von dem Erleben meines Elternhauses geprägt war, wobei das vermutlich häufig, wenn nicht immer so ist. Da verwundert es nicht, dass mein persönlicher Glaube viel mit dem Erbringen von Leistung und Wohlverhalten zu tun hatte. Ich beneidete meine katholische Freundin, die zur Beichte gehen durfte und danach alle Verfehlungen los war. Schon wenn wir zum Spielen draußen unterwegs waren, überlegte sie häufig für uns beide, was wir denn wohl dürften und was nicht, im Hinblick darauf, ob sie es würde beichten müssen; aber das ist hier nicht mein Thema.

Wie auch immer, mein Speicher füllte sich also – neben vielem anderen – mit biblischen Geschichten. Im Laufe der Zeit erkannte ich dann, wie viel Weisheit, im Sinne von Wissen über Menschen und die Menschheit sich in der Bibel, mit all ihren bild- und gleichnishaften Geschichten, entdecken lässt. Sie birgt einen unerschöpflichen Schatz, der sich auch heute noch fruchtbringend heben lässt. Allerdings: Schätze der Weisheit – das sind Goethes Faust und die unzähligen Schriften anderer mehr oder weniger bekannter Menschen aus allen Jahrhunderten auch.

Was die Bibel besonders macht, ist die Religion/Kirche, die daraus entstanden ist. (Mit Kirche meine ich hier die institutionalisierten christlichen Kirchen mit all ihren Abspaltungen.) Aber, wie ist das eigentlich mit der religiösen Spiritualität?

Wenn ich Spiritualität als *Ergriffenheit im Augenblick* bezeichne, so stehen vermutlich in jeder Religion ein oder mehrere solcher *Augenblicke* am Anfang.

Daraus ist im Laufe der Zeit zunächst ein Narrativ, dann eine Schrift und später eine Religion geworden. Aus meiner Sicht liegt das, bei sicher gegebener Unterschiedlichkeit, allen Religionen zu Grunde: Etwas Unfassbares sollte fassbar gemacht werden. Die sogenannten Naturreligionen heben sich daher weniger inhaltlich von den Weltreligionen ab als eher dadurch, dass ihr Narrativ eine mündlich weitergegebene Erzählung geblieben ist.

Kirche unterscheidet sich, was das Fassbarmachen von Visionen angeht, nicht wirklich von anderen, großen – z. B. politischen – Systemen: Eine Ursprungsidee, eine Vision oder, im Falle von Religion, eine spirituelle Erfahrung – der Evangelist Johannes nennt es „das Wort" – muss handhabbar gemacht werden, manchmal auf so ver-rückte Art, dass die Ursprungsidee irgendwann gar nicht mehr erkennbar ist.

Es entsteht ein Rahmen, den Menschen zu allen Zeiten gebraucht haben, ein System, in dem es einen gemeinsamen Kodex, also unter anderem Regeln und Strafe für Regel**brecher,** gibt. Dass alle Systeme irgendwann in irgendeiner Form pervertiert wurden, liegt vermutlich einerseits daran, dass man andere Menschen – mehr oder minder gewalttätig – von der eigenen Idee und vom eigenen System „überzeugen" wollte. Das Andere, Fremde haben Menschen zu allen Zeiten als bedrohlich empfunden und bekämpft. Andererseits musste man auch **innerhalb** des eigenen Systems dafür sorgen, dass Menschen „handhabbar" blieben. Über die menschenverachtenden Auswüchse, die damit einhergingen und immer noch gehen, brauche ich hier nicht zu reden. Da hilft ein Blick in die Geschichte.

Ich wiederhole es noch einmal: Das alles gilt für Kirche genauso wie für politische Systeme. Es ist vielleicht unterschiedlich verbrämt, aber dennoch dasselbe: Irgendwann geht es nur noch um Machterhalt, koste es, was es wolle. Auch hier heißt das Stichwort „Kohärenz": Einen sich ausbreitenden Zustand der Inkohärenz gilt es mit aller Macht – unter Inkaufnahme der damit verbundenen Fehler und Zerstörungen – zu stoppen. Bei diesem Versuch hat Kirche so vieles verloren auf ihrem langen Weg bis heute, dass sie einer wachsenden Zahl von Menschen keine Heimat mehr bieten kann. Die zunehmenden Kirchenaustritte zeigen es mehr als deutlich. Kirche ist nur mehr ein Abglanz, ein vager Hinweis auf das Mögliche. Sie erzeugt vielleicht keinen äußeren Druck mehr, aber es ist auch nicht gelungen, so attraktiv zu sein, dass Menschen aus innerem Drang heraus in die Glaubensgemeinschaft hineinstreben. Da helfen auch andere Gottesdienstformen, moderne Musik und neu entwickelte Riten nicht weiter.

Überhaupt sind Riten, als eine Einbindung des frei pulsierenden Lebens, als eine Möglichkeit, das Leben in all seinen Facetten zu feiern, entweder ganz verschwunden oder so verfremdet, dass sie keine heilstiftende Wirkung entfalten können. Sie sind zu genauestens vorgeschriebenen Zeremonien erstarrt, um die Ordnung zu retten, und haben ihre einordnende Funktion, die Einbeziehung des oben angeführten frei pulsierenden Lebens dabei verloren. Kein Wunder, dass es kaum noch etwas gibt, dass die Menschen anzieht, zumindest nicht solche, die außerhalb stehen; und die Anziehungskraft innerhalb der Kirchen wird auch immer weniger. Antwort auf die zentralen Fragen des Lebens lässt sich in den Kirchen nicht mehr finden. Die Bibel wirkt auf viele verstaubt, und vor allem kann sie, losgelöst von Gemeinschaft und berührender eigener Erfahrung, für sich genommen keine Wirkung entfalten.

Menschen sind nun einmal Bindungswesen, sozusagen von systemischer Art. Was also tun, wenn die eigene Unbehaglichkeit wächst, die Kirchen jedoch nicht mehr in der Lage sind, die Sinnfrage zufriedenstellend zu beantworten, die Frage nach dem Woher und Wohin des Menschen aber nicht einfach verschwindet? Die Zeit der Reformen ist vorbei. Es gibt nichts mehr zu reformieren. Hexenverfolgung, Kreuzzüge und Ablasshandel sind Geschichte. Heute kann es nicht mehr um die nächsten Reformen, wie aktuell Maria 2.0, gehen. Wenn überhaupt, dann geht es um Wandlung.

Aber – auf irgendetwas muss man sich schließlich verlassen können, wenn man nicht verlassen sein will. Religion bedeutet vom lateinischen Wortstamm her Rückbindung, auch so ein „Re"-Wort … Bindung an was?

Antwort auf die Sinnfrage erhoffen sich viele Menschen heute von der Wissenschaft. Wenn immer mehr erforscht wird, wenn man immer mehr Erkenntnisse und Erklärungen sammelt, wird die Frage sich schon beantworten lassen, so denken sie. Dabei übersehen wir nur zu leicht, dass die Wissenschaft selbst Erkenntnisse meistens mit der vorangestellten Einschränkung „Nach derzeitigem Stand" veröffentlicht. Das beinhaltet auch an dieser Stelle, dass eine Erweiterung des Horizontes nicht heißt, ich hätte ihn erreicht oder könnte ihn je erreichen.

Also scheint das ein Holzweg zu sein. Zwar hält die Wissenschaft wunderbare Errungenschaften bereit, derer wir uns alle gerne bedienen. Sie suggeriert dem Menschen aber auch, dass das

Leben immer mehr verlängert werden kann (wozu eigentlich?), vielleicht verspricht sie sogar irgendwann „ewiges", zumindest deutlich verlängertes Leben? Das ist Machbarkeitswahn in Reinkultur. Und da haben wir noch nicht einmal über Genmanipulationen und Geschlechtsumwandlungen gesprochen; das ist ein Thema für sich. Wie auch immer: Der Holzweg besteht darin, dass wir glauben, unser Leben durch Eingriffe von außen dahingehend verändern zu können, dass alles gut ist, und meinen, dann würden wir den ersehnten Halt, die Gewissheiten, die wir suchen, endlich finden.

Meine eigene Lebensgeschichte hat mir deutlich gezeigt, dass alles Wissen und alle Selbsterkenntnis hilfreich sind, aber nicht wirklich weiterführen. Das gilt auch hier.

Zum Ende dieses Kapitels komme ich deshalb noch einmal auf das Thema „Spiritualität" zurück.

Ausgehend von meiner Gewissheit, und das ist es für mich keine These, nämlich *Spiritualität als Ergriffenheit im Augenblick* zu benennen, möchte ich dazu ermuntern, im eigenen Leben ein wenig Sensibilität **für** und Vertrauen **in** spirituelle Momente zu entwickeln. Wir kennen sie nämlich alle, weil sie weder selten sind, noch besonders spektakulär sein müssen. Ich verweise auch hier wieder auf eigene Erfahrungen. Die „Tremendum-fascinans-Geschichten", von denen zu Beginn dieses Kapitels die Rede ist, sind nämlich nichts anderes als solche spirituellen Momente. Der zu Tränen rührende erste Gesang der Vögel, frühmorgens, wenn der Winter dem Frühling weicht, ist ein solcher Moment. Das Ergriffensein von Musik oder anderen Kunstwerken, das völlig fraglose Einssein mit der Natur. Die Selbstvergessenheit, die bei so profanen Tätigkeiten wie Gartenarbeit manchmal entsteht. Wenn wir uns bei einer Autofahrt plötzlich bewusst werden, dass wir von den letzten zehn Kilometern nichts mitbekommen haben, weil wir so eins mit dem Fluss des Fahrens waren …

Gemeinsam ist all diesen Augenblicken ein Hauch von Aufblitzen der Ewigkeit; es fühlt sich an, als stünde die Zeit für einen kurzen Moment still. Verbunden sind solche Momente manchmal auch mit Erfahrungen eines leichten Trance-Zustands. Es sind eigentlich all die Momente, in denen wir ohne Denkabstand „im Flow" sind, wie man heute so schön sagt. Die äußeren Umstände spielen keine Rolle; es geht um die Ergriffenheit im Augenblick. Spirituelle Momente können, aber müssen sich keinesfalls in religiösem Umfeld ereignen – auch wenn ich das selbst mehrfach erlebt habe.

Gemeinsam ist spirituellen Momenten die Erfahrung von verschwimmenden Grenzen zwischen dem Selbst und dem Erlebten. Es ist eine Erfahrung von umfassender Verbundenheit, die sich schwer in Worten ausdrücken lässt; gleichzeitig können es Momente sein, wie ich sie im Kapitel zwei, unter dem Hinweis auf Rilkes Gedicht „Der Panther" schon angedeutet habe: Manchmal fällt nämlich in solch einem spirituellen Augenblick (man beachte wieder einmal die Genauigkeit des Wortes, nämlich *Augenblick*) ein „Bild durch den Vorhang der Pupille", und es ist an uns, dafür zu sorgen, dass dieses Bild nicht „im Herzen aufhört, zu sein".

An dieser Stelle muss ich auch noch einmal den Begriff der Ewigkeit ins Spiel bringen. Das so heiß ersehnte und von der Kirche in Aussicht gestellte ewige Leben findet nicht in ferner Zukunft, nach unserem Tod statt, sondern jeden Tag im Hier und Jetzt, wenn wir nur offen dafür sind. Es ist das Aufblitzen der Ewigkeit, wie ich es oben genannt habe.

Damit stellt sich auch die Frage nach dem Sinn des Lebens für mich nicht mehr: Das Leben selbst ist sein einziger Sinn.

Aus dem Gedicht „CORONA"

Es ist Zeit, dass es Zeit wird.
Es ist Zeit.

P. Celan

8 VERANTWORTUNG

Ausgehend von dem bereits erwähnten Familiensatz „Man ist sein Leben lang für das verantwortlich, was man sich vertraut gemacht hat", meinen eigenen, auch bereits benannten Problemen damit, für jemanden die Verantwortung zu übernehmen oder übernehmen zu sollen, drängt es mich, das Thema Verantwortung noch einmal genauer zu betrachten.

Um mit dem Naheliegenden zu beginnen: Übernehme ich für ein Projekt im weitesten Sinne die Verantwortung, so beinhaltet das – nachdem Idee und Thema klar sind –, einen äußeren Rahmen zu erstellen, Mitarbeitende zu gewinnen, das Zusammentragen von förderlichen Zutaten, die Zeit im Blick zu haben, immer wieder die Sinnhaftigkeit zu überprüfen – diese Reihe lässt sich beliebig fortsetzen – und es irgendwann zum Abschluss zu bringen. Das Projekt ist also etwas, was ich meinen Vorstellungen entsprechend gestalte. Das Projekt braucht mich dazu, denn es kann keine Verantwortung für sich selber übernehmen.

Übertrage ich jetzt diesen Gedanken der Verantwortung und das, was damit verbunden ist, auf einen Menschen, so sehe ich deutlich, dass es nur eine sehr begrenzte Gruppe von Menschen gibt, bei der es legitim ist, dass wir für sie Verantwortung übernehmen. Aus meiner Sicht sind das ausschließlich Kinder und Menschen, die aus welchen Gründen auch immer, sei es Demenz oder eine andere kognitive Einschränkung, nicht oder nicht mehr in der Lage sind, eigene Entscheidungen zu bedenken und halbwegs sinnvoll zu treffen.

Kinder sind dabei allerdings in einer besonderen Rolle, denn im Gegensatz zu anderen benannten Gruppen wächst ja mit der Zeit ihre Fähigkeit, für sich selbst Verantwortung zu übernehmen – zumindest, wenn man ihnen den Rahmen dafür bietet, es altersentsprechend üben zu können. Eine Gratwanderung, wie so vieles im Leben.

Was auffällt, ist, dass zwischen dem Verantwortlichen und dem, ich nenne es mal Betreuten, ein Gefälle besteht. Ersterer ist derjenige, der weiß, wo es langgeht, der den Überblick und das Ziel im Auge hat, so wie es im Hinblick auf Projekte, wie wir oben gesehen haben, durchaus Sinn macht. Letzterer wird bevormundet wie ein Kind, und, falls er nicht im kindlichen Bewusstsein stecken geblieben ist, empfindet er das als übergriffig, anmaßend, unverhältnismäßig oder gar als Entmündigung. In keinem Fall ist es eine Beziehung auf Augenhöhe, wie sie unter Erwachsenen normal sein sollte.

Genau das sehen wir im Lichte der Coronakrise mehr als deutlich. Überall übernehmen vordergründig wohlmeinende Menschen, ob Politiker, Wissenschaftler, Mediziner, Verantwortung für die ihnen Anvertrauten, die jetzt nach einem Jahr mehr und mehr aufmucken – und das zu Recht! Die Angst, die in diesem Land flächendeckend geschürt wird, ist der Nährboden für als Hilfsangebote verbrämte Übergriffigkeit. Insofern ist unsere hochgelobte Demokratie längst auf dem Weg, zur Diktatur zu mutieren, denn das ist es doch, was Diktaturen ausmacht: Machterhalt, indem man die Menschen unter Druck setzt und in der Angst hält. Dieselbe Angst, die den einzelnen Menschen, der die kleinen „Alltagstode" vermeidet, in die Selbstzerstörung treibt ist es, die in der Politik Machtstrukturen unterstützt.

Schauen wir uns das mal im Einzelnen an. Begonnen hat alles damit, dass die alten Menschen geschützt werden sollten. Inzwischen ist hinlänglich bekannt, dass viele der Hochbetagten, die befragt wurden, lieber riskiert hätten, nach einem Besuch ihrer Angehörigen und Freunde infiziert zu sein, als ihre Lieben monatelang nicht sehen zu dürfen. Aber sie sind vorsichtshalber erst gar nicht gefragt worden. Das bezog sich zunächst vor allem auf diejenigen, die in Heimen leben; da ist der Zugriff leichter. An der Stelle sei die Frage gestattet, wie viele dieser Menschen wirklich so leben wollen und als wie lebenswert man ein solch abgeschobenes Leben überhaupt empfinden kann. Die Tatsache, dass unzählige alte Menschen in solchen Einrichtungen leben müssen, weil in der Familie kein Platz mehr für sie ist, ist an sich ja schon beschämend genug für eine humanistisch orientierte Gesellschaft. Wo war denn die Verantwortung für den Umgang mit den Alten vor der Coronakrise? Ist es nicht vielmehr Ausdruck des allgemeinen schlechten Gewissens, jetzt wenigstens bei dem abgeschobenen Teil der Gesellschaft, bei den sogenannten vulnerablen Gruppen, plötzlich dafür sorgen zu wollen, dass sie nicht sterben?

Oder schauen wir auf das Thema Triage, ein Begriff, der vor der Krise eher Menschen, die im weitesten Sinne mit Katastrophen und den dabei zu Schaden gekommenen Menschen befasst sind, geläufig war. Natürlich ist es alles andere als erstrebenswert, derjenige zu sein, der die Entscheidung trifft, welcher Mensch bei Überlastung der Krankenhäuser vermutlich die besten Überlebenschancen hat und diesen dann zu behandeln. Die Problematik besteht allerdings vor allem darin, dass es sich um einen real sichtbaren, einzelnen Menschen handelt und alles, was so nah und sichtbar ist, belastet die Entscheidungsfindung. Triage an sich geschieht unbemerkt hingegen ständig, auch, aber nicht nur in Zeiten der Krise. Die inzwischen bekannte Tatsache, dass schwer kranke Menschen im Augenblick notwendige Behandlungen absagen oder aufschieben, aus Angst, sich zusätzlich mit Corona zu infizieren und genau deshalb sterben, ist nichts anderes als Triage, nur durch die Hintertür und deshalb nicht im Fokus der Aufmerksamkeit. Die Tatsache, dass Gesundheitsfürsorge in diesem Land nicht allen gleichermaßen zuteilwird, ist nichts anderes als Triage, aber niemand bemerkt es, bemängelt es oder nennt es so.

Stattdessen werden uns täglich in den Medien Intensivmediziner präsentiert, die händeringend vor der unbedingt zu vermeidenden Überlastung der Krankenhäuser, respektive der Intensivstationen, warnen. Natürlich ist medizinisches Personal am Limit, das will ich gar nicht in Abrede stellen. Ich gebe nur zu bedenken, dass man mit diesem Totschlagargument jedes noch so unsinnige politische Handeln, das Übernehmen der „Regierungsverantwortung" nämlich, rechtfertigt.

Wir haben den Gedanken, der Tod könne vermeidbar sein oder sich zumindest deutlich aufschieben lassen, so verinnerlicht, dass es mir vorkommt, als würde hier und da in blindem Aktionismus willkürlich Leben geschützt und gerettet, während man an anderen Stellen ebenso willkürlich Leben den Bach runtergehen lässt.

Offenbar ist nämlich der Schutz all der Menschen, die auf Grund des Verlustes ihrer wirtschaftlichen Existenz oder des Verlustes ihrer sozialen Kontakte dramatisch betroffen sind – einige sterben auch –, nicht so wichtig. Diese Verluste werden einfach in Kauf genommen; auch das ist eine Form von Triage. Welche Anmaßung steckt hinter all dem! Und wie nennen wir diese Anmaßung für gewöhnlich? Genau: VERANTWORTUNG.

Erwachsene Menschen, die kognitiv orientiert sind, können und müssen Verantwortung tragen, und zwar für sich selbst. Das kann und darf ihnen niemand abnehmen, denn alles andere ist Bevormundung. In den meisten Zusammenhängen erscheint uns das auch vollkommen selbstverständlich. Auf einer Bergtour entscheide ich selber, wann der Moment gekommen ist, an dem ich mich sinnvollerweise anseile. Wenn ich eine Straße überquere, entscheide ich selber über den besten Moment, loszulaufen und so fort. Das alles sind Situationen, die theoretisch bei unbedachtem Handeln meinerseits oder einem plötzlich von mir nicht zu verhindernden Einfluss (z. B. ein unvorhersehbarer Wettereinbruch o. ä.) zum Tod führen könnten. In der Krise allerdings wird mir die persönliche Entscheidung darüber, wann und wie ich mich schütze, abgenommen. Eine ganze Gesellschaft wird wie eine Kinderschar behandelt, die angeblich nur mit Vorgaben von ganz oben sinnvoll und verantwortlich handelt. Die jeweils eigenen Antworten auf eine gefährliche Situation dürfen nicht mehr gegeben werden. An einer Stelle allerdings scheint sich das gerade umzukehren; die Entscheidung für oder gegen eine Impfung darf man (noch) selber treffen, allerdings häufig mit dem Druck dahinter, dass wir das Virus nur „in den Griff bekommen", wenn sich möglichst alle impfen lassen. Das ist nicht so ganz das, was ich unter wirklicher Eigenverantwortung verstehe. Ich würde vorschlagen, es jedem selbst zu überlassen, ohne Druck bei sich nachzuspüren, auf welche Art und wann er sich

schützen möchte, um seinem ganz persönlichen Sicherheitsbe-
dürfnis Rechnung zu tragen. Das ist es nämlich: die Befriedi-
gung eines Sicherheitsbedürfnisses, die losgelöst ist von der Tatsache, dass es absolute Sicherheit gar nicht geben kann.

Das Verblüffendste für mich ist dabei, wie wenige Menschen
diese Bevormundung tatsächlich realisieren und in Frage stellen. Es gibt sie, ja, aber besonders viele sind es nicht, auch wenn
„Querdenker" in manchen Medien als ernsthafte Bedrohung dargestellt werden. Daraus kann man den Schluss ziehen, dass die
Menschen in diesem Land mehrheitlich im Kindheitsbewusstsein
verhaftet sind; ein Kind wehrt sich nicht dagegen, dass Eltern
die Verantwortung übernehmen. Folge ich in diesem Zusammenhang Wilfried Nelles, der eine Analogie herstellt zwischen
den Entwicklungsstufen eines einzelnen Menschen (Schwan-
gerschaft/Geburt, Kindheit, Jugend/Pubertät, Erwachsenenalter usw.) und der Menschheit, dann wird mir angesichts der
Coronakrise so deutlich wie nie zuvor, dass er das ganz offenbar richtig erkannt hat. Gleichzeitig hilft mir seine Erkenntnis,
einzuordnen, was gerade sichtbar wird. Das, was die Regierung
zurzeit tut, und das, was (noch) eine Mehrheit in diesem Land
von ihr erwartet, nämlich Schutz und Beenden der Katastrophe,
bedingt sich gegenseitig.

Gleichzeitig gibt es die bereits pubertierenden Gesellschafts-
mitglieder, die erst einmal alles in Frage stellen, was die „Poli-
tiker-Eltern" anordnen. Das ist die Aufgabe der Jugend; in der
aktuellen Lage übernehmen die „Querdenker" diese Rolle. Es ist
spannend, zu beobachten, welche Versuche diese Pubertierenden
unternehmen, welche Irrungen und Wirrungen dort sichtbar werden und wer sich in dieses Sammelbecken hineinbegibt, sind sie
doch alles andere als eine homogene Gruppe. Wie man das von
pubertierenden Jugendlichen kennt, nehme ich im Moment die
unterschiedlichsten, sich zum Teil widersprechenden Haltungen
und Forderungen wahr. Allerdings gehe ich nicht davon aus, dass
hinter diesen Haltungen keine Angst steckt; mit Ängsten kann
man ja durchaus unterschiedlich umgehen. Da sind auf der einen
Seite die phobischen, also von ihrer Angst beherrschten Typen

und auf der anderen Seite die kontraphobischen, die nach dem Motto handeln: „Angriff ist die beste Verteidigung."

Pubertät, sagt man, ist die Zeit, in der die Eltern komisch werden, und komisch kann einem gerade einiges in diesem Land vorkommen. Dagegen versucht man sich abzugrenzen, durch komplette Verweigerung, durch diametral entgegengesetztes Handeln, durch Protest, Verunglimpfung und dergleichen mehr. Pubertät ist eine Zeit der Suche, die natürlicherweise mal im einen, mal im anderen Extrem landet, die einerseits reich an Selbstüberschätzung, andererseits von tiefer Verunsicherung gekennzeichnet ist – bis sich irgendwann langsam das Erwachsenwerden abzeichnet. (Manche kommen nie dorthin, sondern bleiben ihr Leben lang Kind, Revoluzzer oder dem Machbarkeitswahn verhaftet.) Und Erwachsensein bedeutet, das hatten wir schon, die ganz eigenen Antworten auf Fragen der persönlichen Entwicklung und den Platz im Leben zu finden: nämlich in die Eigenverantwortung zu gehen.

Hintergrund dieser zahlreichen Vermischungen beim Thema Verantwortung, die die Krise unübersehbar verursacht, ist – wie sollte es auch anders sein –, der Angst vor dem Tod, und dem damit verbundenen Bedürfnis seiner Vermeidung alles andere unterzuordnen. Das bringt mich unausweichlich einmal mehr zu der bereits benannten Erkenntnis, dass der Tod die Bedingung des Lebens ist. Evolutionär gesehen überlebt eine Spezies immer nur auf dem Hintergrund der Zerstörung einer anderen.

Wir verkennen offenbar mehrheitlich, dass Corona eine Naturkatastrophe ist. Und im Vergleich zu anderen Naturkatastrophen ist unser Umgang damit nicht adäquat. Wird nämlich zum Beispiel ein Land von einer Tsunamiwelle überrollt, käme kein Mensch auf die Idee, zu glauben, man könne die Welle einfach dahin zurückschieben, wo sie hergekommen ist. Was Menschen in solchen Katastrophensituationen gewöhnlich tun, ist, zu schauen, welcher Art und wie groß der Schaden ist, die gesundheitlich Betroffenen so gut wie möglich zu versorgen und sich dann daran machen, Lebensräume wieder aufzubauen. Vielleicht wird ihnen dabei der ein oder andere selbstgemachte Beitrag zur

Auslösung der Katastrophe bewusst, und es setzt ein Umdenken ein, vielleicht aber auch nicht. Vielleicht bitten sie andere Länder um Aufbauhilfe, aber sicherlich nicht darum, die Katastrophe rückgängig und damit ungeschehen zu machen.

So unausweichlich Kindheit, Pubertät und Erwachsenenalter für den einzelnen Menschen sind und so notwendig die Übergänge von einer in die andere Lebensstufe sind, ebenso unausweichlich scheinen mir jetzt notwendige Schritte zur Fortentwicklung der Menschheit anzustehen. Und ebenso wie diese Übergänge im einzelnen menschlichen Leben schwierig sind und nicht immer gegangen werden, bleibt abzuwarten, ob, wie und wann es der Menschheit gelingen wird.

*Ich glaube, dass Gott uns in jeder Notlage so viel
Widerstandskraft geben will, wie wir brauchen.
Aber er gibt sie nicht im Voraus,
damit wir uns nicht auf uns selbst,
sondern allein auf ihn verlassen.*

D. Bonhoeffer in „Widerstand und Ergebung"

9 AUFBRUCH IN DIE FREIHEIT

Ich schaue in meinem Leben auf mannigfaltige Aufbrüche zurück. Aufbrüche in die Freiheit des Eigenen. Ich schaue auf zahllose kleine und große Kämpfe, Befreiungskämpfe von Mustern und inneren wie äußeren Zwängen. Nur führt Befreiung nicht unbedingt in die Freiheit, denn solange ich im Kampfmodus bin, bin ich weiterhin dem Alten, dem, was ich eigentlich loswerden will, verhaftet und darin gebunden. Den Aufbrüchen folgten Abbrüche, Selbstunterbrechungen, neue Aufbrüche. Die Bindung an das Alte aber besteht nach wie vor; und sie sorgt dafür, dass keine tragfähige Lebensspur, geschweige denn Freiheit entstehen kann. Die kommt erst, wenn die Waffen gestreckt sind, wenn ich ganz unten bin, kein Ziel mehr ausmachen kann, das jetzt zu erreichen wäre, keinen inneren oder äußeren „Feind" mehr identifizieren kann, den es jetzt zu bekämpfen gilt. Das Paradoxe ist: In dem Moment, in dem der Kampf zu Ende ist, in dem ich unbewaffnet, nackt und bloß, ledig aller bisher tragenden Sicherheiten, bin, erst in dieser Schwäche, in dieser Notlage werde ich wirklich frei. Die Angst ist verschwunden, weil ich keine Vorstellungen aus der Vergangenheit mehr vor die Gegenwart und Zukunft schiebe, das Bedürfnis, Pläne zu schmieden löst sich auf ins Nichts. Verbundenheit und Gelassenheit breiten sich aus, weil ich alles gelassen habe; konnte ich mich ja ohnehin auf nichts verlassen! Dennoch bin ich alles andere als verlassen, denn was ich wahrnehme, was mich trägt und wem ich zutraue, mir den nächsten passenden Schritt in der Realität aufzuzeigen, das ist das Leben selbst, um mich und in mir; und das, nämlich mein irdisches Leben, verlässt mich erst mit meinem letzten Atemzug.

Insofern hat der diesem Kapitel vorangestellte Satz von Bonhoeffer für mich umfassende Gültigkeit; nur ersetze ich inzwischen das Wort „Gott" durch „Leben".

Mir scheint, dass die Natur, dass alles, was lebt, nach Ausgleich strebt und zwar innerhalb jedes lebendigen Organismus. Das gilt für den einzelnen Menschen ebenso wie für Systeme, in die er eingebunden ist. Für mich fühlt sich diese Erkenntnis ebenso überwältigend wie banal und selbstverständlich an, und ich will versuchen, aufzuzeigen, was ich meine.

Das simpelste Beispiel haben wir täglich vor Augen, nämlich das Wasser. Wenn wir uns ein Getränk eingießen, entsteht dieser schöne ebene Wasserspiegel, egal ob das Glas schräg steht oder nicht; spülen wir es aus, so sehen wir, wie das Wasser sich seinen Weg gemäß dem Gefälle sucht. Der Fluss fließt von der Quelle zur Mündung.

Der Handwerker ist darauf bedacht, dass sein Haus „im Wasser", nämlich gerade steht, damit später die Möbel nicht, dem Gesetz der Schwerkraft folgend, in eine Zimmerecke rutschen, falls nicht vorher schon die schiefen Wände umgestürzt sind. Banal, oder? Erscheint uns doch ganz selbstverständlich.

Ebenso selbstverständlich gilt dieses Gesetz des Ausgleichs, z. B. in der Familientherapie: Man geht davon aus, dass sich das gesamte System Familie verändert, wenn ein Mitglied sich verändert.

Zur Aufrechterhaltung bestehender Systeme – das habe ich in den vorherigen Kapiteln versucht aufzuzeigen – braucht es mehr und mehr Energie, die letztendlich in die Selbstzerstörung führt, ohne dass am Ende etwas dabei herauskommt, was auch nur im Entferntesten im Verhältnis zu diesem ungeheuren Energieaufwand steht. Welch eine Verschwendung! Wir verschwenden nicht nur Ressourcen, sondern, in dem Versuch, die Zerstörung irgendwie noch zu stoppen, eben auch Energie, die an anderer Stelle dringend gebraucht wird. Und es ist kein Ausgleich in Sicht, nichts was diesen ungeheuren Energieverlust, der mit dem Zerfall einhergeht, aufhalten könnte.

Alle Systeme, denen ihre Kohärenz stiftende Wirkung abhandenkommt, sind dem Zerfall preisgegeben. Schauen wir uns um, dann sehen wir, dass dieser Zerfall längst begonnen hat.

Klar geworden ist mir, dass sich tragfähige Veränderungen, Wandlungen, nicht mehr innerhalb der Systeme erreichen lassen.

Und mit innerhalb meine ich eigentlich den Blick von außen auf das System: das System als Objekt anderer, vielleicht auch neuer Vorstellungen. Das System als Objekt unserer Optimierungsversuche.

Klar ist auch, dass Erkenntnis und Fehleranalyse nicht reichen, dass es also nicht per Verordnung von oben nach unten gelingen kann, sonst wäre das längst geschehen. Wie bereits zitiert (Watzlawick) bekommen wir so nur „mehr vom Gleichen". Top-Down-Strategien haben ausgedient.

Ebenso wenig sind Reformen und Revolutionen das Mittel der Wahl. Dass die Begriffe mit der Vorsilbe „Re" nicht vorwärts, sondern eher zurückbringen, hatten wir an anderer Stelle schon.

Was also ist zu tun oder eher zu lassen?

Bemühungen jeglicher Art sind obsolet – Sisyphos lässt grüßen!

Das Sterben, was wir analog zu Sisyphos vermeiden wollen und das uns am Leben hindert, ist die Angst, Abschied zu nehmen von den so tief in uns eingegrabenen Vorstellungen. Vorstellungen sind nicht die Wirklichkeit. Sie sind das, was wir vor die Wirklichkeit hinstellen, um diese nicht wahrnehmen zu müssen. Das Sterben alter Vorstellungen ist doch längst im Gange. Warum steigt und steigt die Anzahl der psychisch kranken Menschen denn, und warum schießt die Selbstmordrate in die Höhe? All diese Menschen sterben stellvertretend den Tod für uns, die wir alles daransetzen, ihn zu vermeiden.

So ist nun das Gemeinsame an all diesen zerfallenden Organismen, Ordnungen und Systemen, mit denen ich mich in den vergangenen Kapiteln befasst habe, aus meiner Sicht weniger inhaltlicher oder struktureller Art als vielmehr ein energetisches Phänomen, quasi ein Naturgesetz, das überall zu beobachten ist.

Breche ich das auf die Grunderkenntnisse runter, finde ich stets dasselbe Muster; es ist das, was ich mit Naturgesetz meine: der Drang nach Ausgleich, den ich oben beschrieben habe.

Ich versuche es noch einmal mit anderen Worten:

Ausgangspunkt ist stets die Wahrnehmung einer Irritation, Ungereimtheit, einer Betroffenheit, einer Notlage, ein „Irgendetwas stimmt nicht, so kann's nicht weitergehen". Es ist das, was ich Inkohärenzgefühl genannt habe: Die eigene Wahrnehmung passt nicht zu den äußeren Gegebenheiten.

Je nach Typ suche ich die „Schuld" und damit den Lösungsansatz bei mir oder bei den anderen, also innen (wobei das nur vermeintlich innen ist) oder außen.

Ich stürze mich in die Veränderung des Außen oder in die Veränderung meiner Person, um das Inkohärenzgefühl loszuwerden. Ich mache das zu Verändernde zum Objekt, insofern ist die Veränderung am Innen auch äußerlich gemacht, denn ich mache mich selbst zum Objekt meiner Bemühungen.

Das ist der Prozess, der allen Veränderungsbemühungen zu Grunde liegt; und wie bereits an verschiedenen Beispielen dargestellt, führt er in eine Sackgasse und schafft nur vorübergehend Erleichterung, ohne das Übel an der Wurzel zu erwischen. Denn nur wenn ich tatsächlich von der Wurzel ausgehe, kann wirklich etwas Neues entstehen; ich durchbreche sozusagen den Kreislauf des „Mehr vom Gleichen"; ich verlasse meinen Energiekäfig. „Siehe, ich mache alles neu", heißt es schon in der Bibel. Das ist Wandlung. Gott, ich nenne es das Leben, will einen neuen Menschen, keine Flickschusterei.

Warum aber fällt das so ungeheuer schwer?

Da kommt wieder die Thanatophobie ins Spiel, die Todesfurcht. Man kann die Sterblichkeit der Welt noch eine Weile mit Brachialgewalt vor sich herschieben, doch abschieben lässt sie sich nicht. Die Polarität allen Lebens wird sich unseren Versuchen, sie abzuschaffen oder zu leugnen, dauerhaft widersetzen, weil beide Pole untrennbar zusammengehören; ob das Tag und Nacht, Sommer und Winter oder schlicht Tod und Leben sind: Das eine ist jeweils die Bedingung für das andere. Sich dem Stirb und Werde, der eigenen Sterblichkeit auszusetzen, heißt, alle Sicherheiten fahren zu lassen; das Kämpfen einzustellen, weil es nichts mehr zu bekämpfen gibt. Das heißt, sich dem Fluss des Lebens zu überlassen, wach und aufmerksam, und daraus den jeweils nächsten Schritt zu erspüren und dann auch zu gehen. Das bedeutet, sich mit anderen im Gefälle des Lebensstroms zusammenzufinden, hellwache Mitschwimmer zu finden, um gemeinsam die Spur zu finden.

Von oben nach unten geht es nicht, das haben wir gesehen. Also muss es von unten nach oben oder vielmehr von innen nach außen gehen.

Dem Individuum aber fehlt häufig (noch) die Verbindung zur strömenden, nicht herstellbaren, sondern nur wahrnehmbaren Lebensenergie. Da unsere Gesellschaft, unsere Kultur in Resonanz mit dem Individuum steht und sie sich gegenseitig bedingen, kann dies nur zur Verschlimmerung der Gesamtsituation führen. Und: Je weniger wir mit der eigenen Lebensenergie verbunden sind, umso feindlicher erscheint uns die Umwelt.

Die Frage, die sich stellt, ist, ob sich die ausbreitende individuelle und kollektive Selbstzerstörung in dieser Wendezeit, die an zahlreichen Stellen auf einen Umbruch hinweist, überhaupt noch einmal mit dem Leben verbinden kann und sich sozusagen in einem neuen Strom vereinigt. Aus meiner Sicht wird es definitiv davon abhängen, ob und wann eine wachsende Zahl von Menschen Anschluss an die eigene Lebensenergie findet. Unabdingbare Voraussetzung dafür, das habe ich an anderer Stelle schon aufgezeigt, ist beim Einzelnen die Versöhnung mit seinem eigenen Schicksal. Das mag hier und da gelingen. Ob analog dazu die Gesellschaft in der Lage sein wird, die Realität, in der sie sich vorfindet, zu bejahen, wird sich zeigen.

Am nachhaltigsten kann die Welt sich wandeln, wenn künftige Generationen in der Lage sind, einen gesunden inneren Weg, angeschlossen an die eigene Lebensenergie, zu gehen und zwar in Verbundenheit mit anderen Menschen. Dazu brauchen sie einen zuverlässigen inneren Kompass. Künftige Generationen entstehen mit denen, die heute Kinder sind. Diese sind – und das war nie anders – unsere Zukunft.

Ich erinnere an die Erlebnisse mit meinem Enkel eingangs in diesem Buch. Wir müssen eigentlich nur von unseren Kindern lernen, wie sie es machen, wenn sie den entsprechenden Raum dafür haben. An der Stelle sind wir Erwachsenen herausgefordert, ihnen diesen Raum zur Verfügung zu stellen. Und das kann, ganz natürlich, in unserem eigenen Lebensumfeld sein. Indem wir sie ernst nehmen, nicht erziehen zu dem, was wir für richtig halten. Indem wir sie bei dem, was wir vielleicht Flausen nennen, nicht abwürgen, sondern ihnen zutrauen herauszufinden, was zu ihnen wirklich passt. Natürlich ist das auch für Eltern und Lehrer eine Herausforderung: Müssen sie doch den eigenen Anspruch, auf Grund ihrer Lebenserfahrung einiges besser zu wissen, fahren lassen; das wird das Entscheidende sein. Vielleicht stellen die Kinder unsere Vorstellungen auf den Kopf. Na und? Wenn nicht für unser aller Zukunft, für was dann lohnt es sich, es zuzulassen? Das sollte es uns wert sein.

Und natürlich werden sie uns weiter brauchen. Unsere Kinder brauchen uns als Mentoren, als ihnen verbundene Menschen, die ihnen dabei helfen und sie begleiten können, ins Eigene zu finden. Sie brauchen uns als Rückfallebene; wir dürfen sie auffangen, wenn sie sich verlaufen haben und mit ihnen spürend aushalten, bis sich ein anderer Weg auftut.

Sie ihre Wege finden und gehen zu lassen, ist wichtiger, als für mehr Klimaschutz, gegen das Artensterben usw. zu kämpfen. Das würde sich so ganz nebenbei ohnehin von alleine erledigen. Genau wie viele andere Kämpfe, deren siegreicher Ausgang mit herkömmlichen Mitteln auch nach Jahrzehnten nicht gelungen ist. Ob sie sich für Gleichberechtigung, gegen Fremdenfeindlichkeit oder was auch immer engagieren.

Menschen, die in ihrer Würde und mit ihren Gaben wahrgenommen werden, werden auch anderen Menschen und allem, was lebt, ihre Würde lassen, ohne dass es dazu Verordnungen geben muss. Solche Menschen werden sich mit allem verbunden fühlen und Wege finden können, den Planeten zu erhalten. Das jedenfalls ist meine Vision.

Unser Grundgesetz könnte man dann auf einen neuen ersten Artikel zusammenstreichen: Die Würde des Menschen und der Natur sind unantastbar. Punkt.

Was ist also zu tun?

Die Institution Kirche kann man verlassen, das Bildungssystem und die Gesellschaft (im Zeitalter der Globalisierung wäre es ohnehin der Planet) nicht. Auch wenn wir gerade sehen, wie genau dieser Versuch befördert wird. Nachdem wir uns die Erde nicht nur untertan gemacht, sondern in großen Teilen bereits zerstört haben, suchen wir nach Wegen, auf einem anderen Planeten leben zu können, weil unserer nicht mehr taugt.

Allein, zu wissen, was man **nicht** mehr will, ist nicht die Lösung. Das Reisebüro, in dem ich eine Reise buchen möchte und das als einzige Information von mir hört „Ich will aber nicht wieder in dieses schrecklich verregnete Schottland", ist auch überfordert mit seinem Auftrag.

Ermutigend finde ich, dass Antworten hier und da aufblitzen. Viele Menschen sind bereits im Aufbruch und haben sich auf den Weg zu ihrem ganz persönlichen Reiseziel gemacht, und das liegt in sehr unterschiedlichen Richtungen. Überall kann man sie finden, die „Paradigmenwechsler", in der Physik, in der Psychologie, in der Philosophie, im Bildungssystem, in Startups, überall in der Gesellschaft. Man muss nur nach ihnen suchen, denn vielerorts werden sie überhört, mundtot gemacht, beiseitegeschoben: Der Prophet galt noch nie etwas im eigenen Land! Mich stimmt das dennoch zuversichtlich und ich vertraue darauf, um noch einmal das Flussbild zu bemühen, dass viele Menschen an vielen Orten in ihre Flüsse steigen und schauen, wo sie zusammenfließen. Dann wird aus dem, was C. G. Jung noch Individuation nannte, Partizipation, nämlich Teilhabe. Panta rhei – alles fließt.

Was mich selber und den Antrieb, dieses Buch zu schreiben, betrifft, war es schlicht und einfach der nächste fällige Schritt auf meiner Lebensreise.

Zunächst einmal wollte ich mir selber und den Menschen, die mir nahestehen, die Chance geben, mich besser kennen zu lernen, meinen ganz persönlichen Weg nachvollziehbar machen.

Dass dabei Umkreisungen des Themas Psychotherapie, Spiritualität, Glaube, Kirche auftauchen würden, wundert mich nicht. Was mich selber am meisten erstaunt hat, war der Impuls, mich mit einer umfassenden Sichtweise zu Bildung, Politik und Gesellschaft zu äußern.

Ich war nie ein besonders politisch ausgerichteter Mensch. Interessiert und informiert, ja, aber nicht selber aktiv. Und wenn, dann war ich höchstens, frauen- und friedensbewegt und die Krankenhauspolitik bekämpfend, in den 70er- und 80er-Jahren auf der Straße. Das heißt, seltenes und kleines Engagement in Teilbereichen, aber den Impuls, mich sozusagen spürbewusst nach innen zu begeben in das, was in der Welt passiert, hatte ich nie.

Und doch ist es jetzt passiert. Einfach so, unbeabsichtigt, ungeplant. Das meine ich, als ich anfangs auf die Frage, wie ich auf die Idee gekommen sei, zu schreiben, antwortete: Die Idee ist auf mich gekommen. Ich bin spürbewusst losgelaufen, ohne zu wissen, wohin mich das führen würde.

Spürbewusstsein entsteht im Spannungsfeld zwischen zwei Polen: dem wachen körperlichen Empfinden und der Aufmerksamkeit für den nächsten fälligen Schritt. Im momentanen Spürbewusstsein, getragen von ungerichteter – im Gegensatz zu fokussierter – Aufmerksamkeit, fallen diese Pole in eins. Der Augenblick ist die Schnittstelle zwischen Vergangenheit, Zukunft und den eigenen Lebensbewegungen: Dieser Moment ist Augenblick und Ewigkeit zugleich.

Was wir in dieser Zeitenwende brauchen, ist eine Pandemie mit umgekehrten Vorzeichen:

Nicht die, die sich anstecken, sind gefährdet, sondern die, die sich nicht anstecken lassen; denn sie werden nicht mehr am Leben teilhaben.

Heimat ist der Duft unserer Erinnerungen

A. Maggauer-Kirsche

10 LEBENSERINNERUNGEN

Während ich den ersten Teil schrieb, hatte ich immer mal wieder im Hinterkopf, dass eine Zeitschiene, so eine Art Lebenslauf, der hilft, sich zu orientieren und manches besser einordnen zu können, vielleicht auch zu diesem Buch dazugehört. Ich dachte zunächst an einen tabellarischen Lebenslauf, spüre aber zunehmend, dass es mehr sein will.

Natürlich gibt es biografische Daten, die ich jederzeit parat habe, aber es gibt auch viele Erinnerungen, die ich nur grob, meist auf dem Hintergrund des jeweils aktuellen Wohnortes, zuordnen kann. Mein Gedächtnis ist für Zahlen, Daten, Fakten nicht ausgelegt – ich erinnere mich eher an Atmosphärisches, innere Bilder und häufig auch an Gerüche. Dabei sind vor allem Erinnerungen an die frühe Kindheit eine Mischung aus Erinnertem, Erzählungen und Fotos. So habe ich mich für ein Nebeneinander von Themen und chronologischem Vorgehen entschieden.

Damit tue ich im Grunde jetzt genau das, was ich vor gut 20 Jahren von meinen Eltern erbeten hatte: nämlich ihr Leben, das für mich aus zahlreichen Geschichten bestand, auch in einer zeitlichen Abfolge nachvollziehbar zu machen. Von Mutter lag mir nach 14 Tagen ein erweiterter tabellarischer Lebenslauf vor, während Vater bekundete, ein Buch schreiben zu wollen. Das dauerte. Zunächst verbrachte er viel Zeit mit Recherche und dem Erstellen von Stichpunkten; dann nahm er an einem Workshop „Schreibwerkstatt" teil, um sich bestmöglich vorzubereiten. Meine seltenen, vorsichtigen Nachfragen, wie weit er denn sei, beantwortete er zunächst, wurde aber später leicht unwillig, vermutlich weil er sich unter Druck gesetzt fühlte, und so stellte ich diese ein. Einer meiner Söhne mutmaßte, Vater habe Angst zu sterben, wenn das Buch je fertig werden sollte. In seinem digitalen Nachlass fanden wir 2015 dann Fragmente des in Arbeit befindlichen Buches, wunderschön geschrieben, aber leider sehr unvollständig – schade. Dennoch bin ich dankbar, es zu haben.

Mir fällt gerade auf, dass Vaters Abwehr, Dinge zu Ende zu bringen, sich wie ein roter Faden durch sein Leben zieht. Bauprojekte, überwiegend Einbauarbeiten aus Holz, seinem Lieblingswerkstoff, beendete er, wenn wir mal wieder umzogen, damit wenigstens für die Nachfolger alles fertig wurde. Vor Konzerten oder privaten Feiern war er bis unmittelbar vorher damit beschäftigt, noch geniale musikalische Ideen in Noten für die Mitspieler zu übertragen. Hatte er mal wieder eine seiner tollen, kreativen Geschenkideen, Wochen vor dem Anlass, so verschwand er zur Montage erst am Tag der Feier in seiner Werkstatt, während alle anderen, fertig angezogen und zur Abfahrt bereit, in der Tür standen und auf ihn warteten. Das konnte einen schon ganz schön nervös machen …

Besonders in Erinnerung ist mir eine Situation, als er für unser Haus am Bach bereits in Hohenlimburg vormontierte Teile für die auf Grund baulicher Gegebenheiten komplizierte Beleuchtung im Treppenhaus mitbrachte. Ich kam nach einigen Stunden von der Arbeit zurück, in der Annahme, mich jetzt über die funktionierende, sehr kreativ konstruierte Lampe freuen zu können. Er trat mir glücklich an der Haustür entgegen und verkündete, er habe jetzt den besten Platz für seinen Arbeitsplan – auch der vorher schon erstellt und mitgebracht – gefunden: Man könne ihn an die Küchentür kleben …

Angst zu sterben oder Dinge zu beenden, habe ich übrigens nicht, im Gegenteil: Je länger ich schreibe, desto lebendiger fühle ich mich; ich habe eher den Eindruck, mein Leben fängt gerade an.

HOHENLIMBURG

Meine Eltern, Heinrich, später genannt Ops (1924–2015), und Charlotte (1926–2005), lernten sich 1950 bei einem Singewochenende der Musikantengilde Halver kennen. Mit eben dieser Musikantengilde reisten sie 1951 nach England, zum Besuch eines dortigen Musikvereins, wo Vater der Mutter in großer Runde einen eigens zu diesem Zweck erworbenen Ball in den Schoß warf, mit den Worten: „Ich möchte gern, dass unsere Kinder mit diesem Ball spielen." Das war sein Heiratsantrag. Sie verlobten sich 1952 und heirateten am 19. 4. 1954.

Im darauffolgenden Jahr wurde ich in Hagen, in der Frauenklinik Dr. Rumpf geboren. Da dieser Arzt zum Zeitpunkt meiner Geburt nicht mehr lebte, wurde ich – ein geflügeltes Wort in Hagen – ohne Rumpf geboren. Schon zwei Wochen vorher, nämlich vom errechneten Geburtstermin an, lief Mutter mit mir im Bauch täglich den ziemlich steilen Hohenlimburger Schlossberg rauf und runter, um etwas nachzuhelfen.

Damals bekamen Mütter in der Klinik ihre Kinder niemals nackt zu sehen; diese wurden frisch gewickelt und gepuckt zum Stillen gebracht und ansonsten im Säuglingszimmer betreut. Das veranlasste meine Mutter, so viel wie möglich durch die Kleidung bei mir zu ertasten. Dabei wuchs in ihr die Befürchtung, meine Zehen, die sich wohl wie Kugeln anfühlten, könnten missgebildet sein. Als Thomas gut anderthalb Jahre später geboren wurde und sie diesen Zehentest wiederholte, waren ihre Befürchtungen nicht geringer: Er hatte nämlich unnatürlich lange Zehen.

Nun, ich kann euch beruhigen: Sowohl Thomas wie auch ich haben ganz normale Zehen.

Zum Zeitpunkt meiner Geburt studierte Vater noch in Köln, wohin er täglich mit dem Zug fuhr, während wir in Hohenlimburg, im Klosterkamp, wohnten, in einem Zimmer unterm Dach bei den Großeltern väterlicherseits. Diese hatten einige Jahre zuvor, als Großvater Rektor der Weinhofschule wurde, dort gebaut. An das Zimmer habe ich aus dieser Zeit naturgemäß keine Erinnerungen; da es sich aber nie veränderte, schlief ich später, wenn ich die Großeltern besuchte, genau dort. Es gab zwei weiße Metallbetten, die ich als furchtbar kalt in Erinnerung habe, weshalb ich dieses Zimmer überhaupt nicht mochte. Manchmal bat ich die Großmutter, mir ihre „Nau", wie ich das stets verfügbares Katzenfell nannte, zum Schlafen zu überlassen.

CASTROP

Wohl einige Zeit vor Thomas Geburt zogen wir ins „Knusperhäuschen" nach Castrop-Rauxel. Es sah tatsächlich aus wie ein
Knusperhäuschen, war winzig klein und eine ehemalige Böttcher-
werkstatt. Wir hatten liebe Nachbarn, die gleichzeitig die Ver-
mieter waren, „Tante" und „Onkel" Reinke. Als Onkel Reinke
sich bei der Gartenarbeit zwischendurch mal auf seinem Spaten
abstützte, lief ich aufgeregt zu seiner Frau mit den Worten: „Tante Reinke, dein Herrmann kann nicht mehr!"

Nicht weit entfernt, im Stammweg, lebten Opi und Omi, meine Großeltern mütterlicherseits, zusammen mit Tante Elise, der
verwitweten, deutlich älteren Schwester meiner Mutter und deren
Kindern Richard, Stefan und Dorothea. Mutters Bruder Zacharias und seine Frau Iris, mit den Töchtern Evelin und Lene, lebten
auch in der Nähe, so dass ich in der Zeit oft mit meinen älteren
Cousinen und Cousins zusammen war, woran ich mich sehr leb-
haft erinnere. Nur der Vollständigkeit halber: Mutter hatte noch
einen Bruder, der in Stalingrad vermisst war, eine Tatsache, die sie
ihr Leben lang beschäftigt hat. Viele Suchanfragen waren schon
kurz nach dem Krieg ins Leere gelaufen, und nach der Wende unternahm sie einen letzten erfolglosen Versuch, sein Schicksal zu
klären. Es wurden 1990 Rotkreuzakten zugänglich gemacht, die
während der DDR-Zeit nicht eingesehen werden konnten.

Aber zurück in den Stammweg. Die kurze Strecke vom Knusperhäuschen legten wir gewöhnlich auf Vaters Roller zurück und
es geht die Mär, ich habe ihm eines Tages während der Fahrt den
Schlüssel abgezogen und in den Graben geworfen. Die Suche blieb
erfolglos; erst abends beim Ausziehen fand sich der Schlüssel im
Umschlag seiner Hose wieder. Omi und Opi lebten auf einem
sogenannten Kotten. Das ist eine Nebenerwerbsstelle, ein win-
ziger Bauernhof etwas außerhalb des Dorfes, in ihrem Fall mit
Ziegen, Hühnern, Gänsen, Enten und einem Schwein – alles zur
Selbstversorgung. Den Ganter versuchte ich oft vergeblich zum
Mitspielen zu bewegen; er wollte partout nicht in meinem Pup-
penliegestuhl sitzen bleiben.

Meine beiden Cousins waren für die Ziegen zuständig. Diese mussten täglich „umgepöhlt" werden, das heißt, sie wurden angepflockt, damit sie an der entsprechenden Stelle das Gras kurz fraßen und am nächsten Tag woanders angebunden. Stefan „gelang" es eines Tages, den Pflock zuerst durch seinen Fuß und dann erst ins Gras zu schlagen. Überhaupt hatten die beiden Cousins ziemlich viel Unsinn im Kopf, was nicht selten mit einer Verletzung endete. Ich erinnere mich, dass Richard einmal vom Scheunendach sprang und sich beim Aufprall selber ins Knie „biss": Ein Zahn brach ab und blieb stecken. Ein anderes Mal setzten sie den Klingelbeutelgroschen für den Kindergottesdienst in Streichhölzer um und zündeten einen Schuppen an.

Das Haus der Großeltern hatte einen direkt von der Küche zugänglichen, angebauten Stall. Dort befand sich, in Gestalt einer Pumpe, die einzige Wasserstelle des Hauses und auch das Plumpsklo. Das Klo war ordentlich durch einen Vorhang abgetrennt; Klopapier existierte in Form von zurechtgeschnittenen Zeitungen und wurde mit einem Nagel an die Wand gepinnt. Im Winter wohnten die Ziegen in diesem Stall, und so geschah es eines Tages, dass Omi ihren schönen geblümten Klovorhang durchlöchert vorfand: Die dusseligen Ziegen konnten das Frühjahr nicht abwarten und hatten alle Blüten rausgefressen.

In der Küche bullerte stets der Kohleherd; es war immer schön warm und gemütlich. Das angrenzende Wohnzimmer, kalte Pracht genannt, wurde hingegen nur an hohen Feiertagen geheizt, die Schlafzimmer im oberen Stockwerk nie. Die Betten waren – zumindest im Winter – feucht und klamm. Daran änderten auch die kupfernen Bettflaschen nichts, und bis heute hasse ich klammes Bettzeug. Meine Erinnerungen an den Stammweg beschränken sich nicht auf die Zeit, in der wir in der Nähe wohnten. Bis Omi und Opi ihr neu erbautes Haus in Westerfilde, Stadtteil von Dortmund, bezogen, besuchten wir sie immer wieder in Castrop, während wir selber inzwischen nach Arnsberg gezogen waren. Vater war dort als Studienassessor am Gymnasium Laurentianum untergekommen.

ARNSBERG

Im Januar 1958 wurde Sebastian geboren. Als Tante Elise Thomas, der einige Zeit bei ihr gewesen war, zurückbrachte, begrüßte ich sie mit den Worten: „Den (Thomas) kannst du gleich wieder mitnehmen; wir haben schon einen." Viele Erinnerungen an die Arnsberger Zeit habe ich nicht. Nur an Onkel Reinke mit dem „appen Bein", kriegsversehrter Kollege von Vater, und an Familie Knapp erinnere ich mich gut. Ich glaube, einer der Knappjungen war Vaters Schüler, hochmusikalisch, mit absolutem Gehör und von Vater sehr gefördert. Bei Knapps durften wir in dem riesigen, verwunschenen Garten toben; es gab einen Brunnen, und ich war sicher, dass es der aus dem „Froschkönig" sein musste. Frau Knapp verwöhnte uns mit allerlei selbstgemachten Köstlichkeiten, vor allem mit herrlicher Limonade. Bei uns daheim gab es nur Sprudelwasser.

Beeindruckt war ich von den Nachbarsmädchen, die unermüdlich mit ihren Hula-Hoop-Reifen übten (ich war noch zu klein dafür), und deren Bruder genauso unermüdlich den River-Kwai-Marsch dazu pfiff.

TANTE EMMA

Meine Patentante Emma war Mutters engste Freundin seit ihrer gemeinsamen Ausbildung am Kindergärtnerinnen-Seminar in Witten. Unfreiwillig unverheiratet – ihr Verlobter war im Krieg gefallen – lebte und arbeitete sie als Kindergartenleiterin in Baumholder. Da wir Geschwister nie einen Kindergarten besuchten – Mutter fand, sie habe mit uns ihren eigenen Kindergarten zu Hause –, liebte ich es, Tante Emma zu besuchen, was natürlich bedeutete, mit ihr runter, sprich in den Kindergarten, zu gehen. Das war eine ganz besondere Welt und wenn ich daran denke, steigt mir sofort der sehr eigene Geruch dort in die Nase. Es gab im Grunde nichts, was es nicht auch in jedem anderen Kindergarten gegeben hat, aber mir war es unbekannt, und außerdem durfte ich auch außerhalb der Öffnungszeiten allein dort spielen. Für einen längeren Zeitraum bei ihr war ich anlässlich Vaters Versuchs, den Bauernhof in der Nähe von Metz wiederzufinden, von dem er 1946 aus der Kriegsgefangenschaft geflohen war. Er hatte es dort vergleichsweise gut gehabt, mochte die Menschen, und deshalb hatte er ein besonders schlechtes Gewissen, weil er ihnen für seine Flucht ein Fahrrad geklaut hatte. Unbedingt wollte er sie finden, um das wiedergutzumachen.

Es gelang. Das noch nicht allzu lange zurückliegende Ende des Krieges merkte man auch daran, dass rund um Baumholder unzählige Amerikaner stationiert waren. Einige schickten ihre Kinder zu Tante Emma in den Kindergarten, und so lernte ich mein erstes englisches Lied: „Happy birthday to you." Wobei, lernen ist relativ, ich verstand nämlich „Teppichbürste, ju-huh", darunter konnte ich mir wenigstens etwas vorstellen.

Tante Emma versorgte mich über Jahre zuverlässig an Geburtstagen und zu Weihnachten mit Bücherpaketen, meist aus der Büchergilde Gutenberg, in deren Logo stand: „Gebt uns Wurzeln, gebt uns Flügel." Sie verpackte die Bücher nicht etwa in Geschenkpapier, sondern in – je nach Größe – Waschlappen, Handtüchern und Geschirrtüchern; die Lücken wurden mit Taschentüchern ausgestopft. Lustig war, dass sie Vater stets den „Haushaltungsvorstand" nannte und mich ihn in jedem Brief unter dieser Bezeichnung grüßen ließ. Ich fand ja eher, dass Mutter dem Haushalt vorstand. Tante Lore lebt bis heute, hochbetagt und nicht mehr gut orientiert, in einem Pflegeheim in St. Wendel. Als ich sie zuletzt vor einigen Jahren dort besuchte, hatte sie schon große Mühe, mich zuzuordnen.

HATTINGEN

Vater lebte ab ca. 1960 während der Woche in Hattingen; unterrichtete an der Theodor-Körner-Schule in Bochum-Dahlhausen und überwachte den Hausbau. Am Grenzstück in Hattingen entstand nämlich eine Neubausiedlung des Beamtenheimstättenwerks, wo meine Eltern ein Haus erworben hatten. Der Umzug war im Frühjahr 1961, unmittelbar vor meiner Einschulung zu Ostern.

Ich kam in die uralte Volksschule an der Ruhr; das bedeutete einen Fußmarsch von 30 Minuten, einfacher Weg, den ich von Anfang an allein bewältigte. Meine erste Klassenlehrerin war wundervoll. Am ersten Schultag schüttete sie sich mit Absicht Tinte über den Rock. Ihre Hoffnung, dass wir alle „Iiiiiih" schreien würden erfüllte sich; so lernten wir als Erstes den Buchstaben I und waren damit echte I-Männchen, wie man Erstklässler früher nannte. Auf den Umgang mit Tinte, die damals noch in Fässchen war und mit dem Füller aufgezogen werden musste, galt es noch zwei Jahre zu warten: Wir schrieben auf unseren Schiefertafeln. Wohl dem, dessen Eltern sich weiche Griffel leisten konnten; ich hatte meistens die schauderhaft quietschenden, harten. Wenn man sich ungeschickt anstellte, überstanden die Hausaufgaben auf dieser Tafel den Weg in die Schule nicht unbeschadet, was meine Lehrerin aber nie ahndete. Ganz anders im zweiten Schuljahr. Wir bekamen einen neuen Lehrer, der sehr streng und von alter Schule war. Er schlug die Jungen bei den kleinsten Vergehen mit dem Rohrstock, und ich hatte entsetzliche Angst vor ihm. Obwohl mir als Mädchen keine Schläge drohten, fand ich die Atmosphäre so belastend, dass ich sehr häufig mit Bauchschmerzen aus dem Unterricht nach Hause ging. Den Lehrer hat das nicht weiter interessiert. Kaum zu Hause angekommen, waren die Bauchschmerzen weg. Es hat eine Weile gedauert, bis meine Eltern den Zusammenhang begriffen, und am Ende des Schuljahrs musste Herr P. die Schule verlassen. Ob meine Eltern interveniert haben, weiß ich nicht, aber die Versetzung geschah auf Elterndruck.

Meine Vorstellung von Schule war auch deshalb ganz anders, weil Großvater mich schon vor meiner Einschulung manchmal mit in den Unterricht nahm (zur Erinnerung: Er war Rektor einer Volksschule, wie die acht Klassen umfassenden Schulen damals hießen). In seinem Unterricht war Pu, der Bär, ein ca. 50 Zentimeter großer Plüschbär, der Protagonist, der den Kindern wunderbar einfühlsam alles beibrachte und für den es sich immer lohnte, aufzupassen.

Während des ersten Winters in Hattingen fuhr Mutter einmal in der Woche mit mir zum Schwimmunterricht. Selbst Rudersportlerin in ihrer Jugend, liebte sie das Wasser und nahm es auf sich, gefühlt bestimmt mehr als eine Stunde mit Straßenbahn und Bus mit mir in das einzig erreichbare Hallenbad zu fahren. Ihre Begründung war, dass sie vorhabe, mit uns Kindern, wir waren zu der Zeit drei, im Sommer schwimmen zu gehen und mindestens ein Kind dann schwimmen können sollte, damit sie mit der Aufsicht nicht überfordert sein würde.

Das dritte Schuljahr begann dann schon in einer neu erbauten Schule, nicht so weit von unserem Haus entfernt. Das war schön, denn Thomas wurde eingeschult, und so war der Weg nicht nur kürzer, sondern auch kurzweiliger. Und, sehr fortschrittlich zum damaligen Zeitpunkt: Es gab ein Schulschwimmbad und Schwimmunterricht. HA! Ich konnte schon schwimmen!

Mädchen in meinem Alter wohnten in der Nachbarschaft nicht. So spielte ich mit den Jungen deren Spiele. Wir liefen viel Rollschuh; ich hatte welche mit Gelenk geerbt, die beweglicher waren als die normalen und war ziemlich gut damit. Puppen interessierten mich nicht besonders, allenfalls als ich häkeln gelernt hatte und Kleidung für sie herstellen konnte. Die Babys im Nachbarhaus, Zwillinge, fand ich viel spannender und versuchte, regelmäßig beim Baden dabei zu sein. Sie rochen unwiderstehlich fein.

In den damals sehr schneereichen Wintern zogen wir täglich mit unseren Schlitten los und fanden erst dann den Weg nach Hause, wenn wirklich die gesamte Kleidung durchnässt war. Besonders die Schuhe hielten nicht viel aus. In einem der Hattinger

Winter wurde die Schule im Januar wegen einer Masernepidemie für vier Wochen geschlossen, und da meine Brüder und ich bereits zu Weihnachten mit den Masern durch waren, hatten wir wundervolle Extra-Ferien.

Rollenspiele, die ich liebte, fanden Thomas und Sebastian nicht so prickelnd; dennoch ließen sie sich dazu herab, von Zeit zu Zeit „Mutter, Vater, Kind" mit mir zu spielen. Ich war die Mutter, klar, aber Thomas war **immer** der Vater: Der durfte nämlich auf die Arbeit gehen und war lange abwesend, während ich mich mit dem „Kind" Sebastian rumärgerte. Thomas, der als „Vater" stets Heinz hieß, hatte so ausreichend Spielraum gewonnen, das zu tun, was er **eigentlich** tun wollte.

Auch konnte ich inzwischen lesen. Das war eine tolle Sache, und bald schon durfte ich alleine mit der Straßenbahn nach Bochum-Linden in die Bücherei fahren. Normalerweise durfte man pro Woche nur drei Bücher ausleihen, aber da mir das nicht reichte, bekam ich die Sondergenehmigung für fünf. Neue Welten taten sich auf! Das Lesen abends im Bett war natürlich nur zeitlich begrenzt erlaubt, also griff ich zur Taschenlampe, obwohl Batterien auch nicht endlos verfügbar waren. Nur einmal bin ich erwischt worden.

Die Eltern hatten sich nach und nach einen großen Freundeskreis aufgebaut, und immer wieder traf man sich abends bei uns zum Musizieren. Mehr als einmal schlichen Thomas und ich uns heimlich aus dem Bett, um zu lauschen und zu gucken. Ich vermute, die Eltern wussten das und haben einfach nicht eingegriffen, aber Thomas verriet uns sowieso eines Tages, als er beim Frühstück sagte, er frage sich, wie Jan, der Klarinettist, all die vielen Löcher und Klappen an seinem Instrument abdecken könne und ob er wohl die Füße zur Hilfe nehmen müsse.

MUSIKUNTERRICH

Zu der Zeit begann mein Musikunterricht; zunächst Blockflöte, dann Klavier. Meine Klavierlehrerin fand das Maß meiner Begabung weniger als ausreichend und hat mich ziemlich geplagt. Um eine korrekte Fingerhaltung zu erarbeiten, legte sie mir Bonbons auf den Handrücken, die nicht herunterfallen durften. Das hat natürlich nicht durchgehend geklappt, und nie bekam ich ein einziges Bonbon. Ich plagte sie aber offenbar auch, denn sie pflegte über die unzähligen Fransen an ihrem Mund zu klagen, die sie sich meinetwegen dorthin redete. Natürlich erzählte ich das zu Hause, und als Mutter mich eines Tages mit Thomas von der Klavierstunde abholte, starrte der sie so intensiv an, dass sie ihn fragte, was denn eigentlich los sei. Er antwortete empört: „Du hast ja gar keine Fransen am Mund." Sie war *not amused*; Humor kam in ihrem Leben nicht vor, und mit Kindern konnte sie im Grunde nichts anfangen. Immerhin wohnte sie nah am Markt, so dass wir eines Tages die Gelegenheit nach der Klavierstunde nutzen konnten, den dort ausgestellten, ausgestopften Wal namens Moby Dick zu besichtigen. Das fand ich sehr beeindruckend; hatte man doch einen Lastwagen mit zwei Anhängern gebraucht, um ihn zu transportieren. Da der Bartvorhang an seinem offenen Maul einer Abbildung des Wales, der den biblischen Jona verschluckt hatte, in unserer Kinderbibel sehr ähnlich war, vermutete ich, dass es sich um eben diesen Wal handeln könne. Alt genug sah er auf jeden Fall aus, und riechen tat er auch nicht gut.

Die nächste Musiklehrerin für Thomas und mich war Ella Schneider; leicht exaltiert, aber viel menschlicher und netter als Fräulein P. zuvor. Sie kam ins Haus und aß auch mit uns zu Abend, wobei sie sich jedes Mal aufs Neue erkundigte, ob man in der Leberwurst bohren dürfe. *Ja, wie um alles in der Welt hätte man denn sonst seine Leberwurst aufs Messer bekommen sollen* – das fragte ich mich, denn ich habe damals nicht begriffen, was die Alternative gewesen wäre.

Auch bei Ella Schneider machte ich auf dem Klavier keine bemerkenswerten Fortschritte, so dass Vater über das nächste in Frage kommende Instrument für mich und gleich auch für Thomas nachdachte, obwohl der sehr viel begabter am Klavier war. Vater, selber Geiger, stellte fest, dass „das Kind (in dem Fall ich) keine Geigenfinger hat", aber ganz gut Blockflöte spielte; und so fiel die Wahl auf Querflöte, was sich durchaus als sinnvoll erwies. Thomas hingegen – und auch Sebastian und Ruben, die später Cello und Geige spielten – *hatte* offenbar Geigenfinger. Und so kam es, dass Vater aus der Schule eine Viertelgeige und eine ganze Querflöte mitbrachte, und Thomas und ich probierten. Außerdem brachte er – auch aus der Schule – das nach heutigen Maßstäben riesige Tonbandgerät mit, so dass von dieser „Quietscherei" lange eine Aufnahme existierte.

HATTINGEN

Im August 1963 wurde Ruben geboren. Immer schon hatte ich mir sehnlichst eine Schwester gewünscht und phasenweise meine Cousine Dorothea als solche ausgegeben; daher war meine Enttäuschung groß, dass es wieder ein Junge war. Als ich Mutter im Krankenhaus besuchte, begrüßte ich sie mit den Worten: „Es ist schade, aber ich verzeihe dir." Wie großmütig! Mutters bevorzugtes Abendgebet für uns endete übrigens mit der Zeile: „Dies Kind soll unverletzet sein." Ich verstand: „Dies Kind soll *unser letztes* sein", und so fürchtete ich, dass ich die Hoffnung auf eine Schwester endgültig würde begraben müssen.

Während Mutter im Krankenhaus war, habe ich ganz allein Bohnen gepflückt und geschnippelt; es wurden 23 Einmachgläser voll, und eingekocht hat Vater sie dann. Das Beste aber an Mutters Krankenhausaufenthalt war, dass meine sehr langen Zöpfe, die ich gern ganz losgeworden wäre, um ein ordentliches Stück gekürzt wurden, da Vater sich außer Stande sah, sie täglich zu flechten.

Ruben zog in mein Zimmer ein: Wir hatten nur zwei Kinderzimmer. Ich war sehr stolz darauf, dass ich ihn betreuen durfte und heimlich davon überzeugt, dass Mutter es ohne meine Hilfe wahrscheinlich nicht geschafft hätte, sich ausreichend um ihn zu kümmern. Schließlich war ich schon acht Jahre alt. Den *Auftrag*, mich um ihn zu kümmern, hatte ich nicht. Das kam erst später, wenn ich ihn mit ins Schwimmbad nehmen musste, was nicht immer angenehm war, besonders wenn ich mich mit Freunden verabredet hatte. Er lief dann gerne los, sprang ins Wasser, ohne auch nur im Entferntesten schwimmen zu können und rief einfach: „Brigitte, hol mich raus!"

DIVERSE HIGHLIGHTS

Highlight meiner Kindheit war u. a. der erste Kinobesuch; es lief „Die Stadtmaus und die Feldmaus", und es war weniger die Geschichte, die mich beeindruckt hat, als die Atmosphäre im Kino. Zu meinem Bedauern war ich auch später selten im Kino; als „Doktor Schiwago" Mitte der 60er und „Love Story" 1970 liefen, durfte ich beide Filme nicht sehen, weil die Eltern mich zu jung dafür fanden. Das habe ich ihnen wirklich übelgenommen, vor allem weil sich offenbar niemand daran störte, dass ich das Buch „Love Story" von Erich Segal längst gelesen hatte.

Einen Fernseher hatten wir, bis ich nach dem Abitur auszog, nicht. Also war es doppelt schön, bei anderen gucken zu können. Ich liebte die „Augsburger Puppenkiste", „Fury", „Lassie" und „Flipper", auch wenn ich nur äußerst selten in den Genuss kam, etwas davon zu sehen. Zur Mondlandung 1969 und diversen Boxkämpfen durfte ich später auch mitten in der Nacht aufstehen und es im Fernsehen anschauen. Zu der Zeit lebten wir schon in einem Haus mit den Großeltern, die einen Fernsehapparat besaßen. Dennoch war die Fernseherlaubnis streng limitiert.

Zweimal war ich ganz allein mit Vater im Zirkus, wo mich besonders die Hochseilartisten faszinierten; und ich sah Schüleraufführungen an seiner Schule, von denen mich „Der fahrende

Schüler im Paradeis" nachhaltig beschäftigte, weil ich versuchte, mir vorzustellen, auf welchem Wege man wohl Kleidung ins Paradies befördern kann. Ich wusste ja nicht einmal, wo das lag.

In jedem Jahr fuhren wir für einen Tag während der Adventszeit nach Essen. Während meine Eltern Weihnachtseinkäufe machten, gingen wir Kinder mit Tante Hanna in das alljährliche Weihnachtsmärchen. Und nicht nur das: Besuche von und bei Tante Hanna, die eine kinderlose Freundin der Familie aus Berliner Zeiten war, ermöglichten es mir, einen Frauentyp kennenzulernen, der so ganz anders als meine Mutter war. Elegant, mondän, geschminkt – ich habe sie bewundert und bekam später meine ersten Schminksachen von ihr, allerdings ohne das Wissen meiner Eltern. War gar nicht so einfach, die Schminke unbemerkt zu benutzen. Einer der Sprüche meiner Mutter, auf Parfum bezogen: „Ein junges Mädchen muss riechen wie ein Schluck Wasser." Ich darauf: „Aber der riecht ja nach nichts." Mutters lakonische Antwort: „Eben!" Ähnliches galt für „Anmalen".

WEIHNACHTEN

Ein sich durch mein ganzes Kinderleben ziehendes Highlight war die Advents- und Weihnachtszeit. (Mein letztes Weihnachten zu Hause feierten wir 1981, da war mein Ältester schon geboren.) Spätestens wenn Vater morgens im Bad „Psallite, unigenito" von Prätorius schmetterte, war klar, dass Weihnachten bevorstand. Schließlich heißt es in der dritten Zeile: „Redemptori Domino …", und dass Dominosteine zu Weihnachten gehören, weiß jedes Kind.

Meine Eltern wussten diese Wochen wunderbar geheimnisvoll und spannend zu gestalten. Manchmal kam auch der Nikolaus in Person und es wird erzählt, dass ich ihm die Tür öffnete (ca. vier Jahre alt) und ihn ganz selbstverständlich mit „Guten Abend, Großvater" begrüßte. Mein Glaube an den Nikolaus wurde dadurch in keiner Weise berührt, nur die Eltern, die den

Nikolaus aus dem engeren Kreis zu rekrutieren pflegten, wussten jetzt, auf was sie in Zukunft zu achten hatten. Geduldig buk Mutter mit uns Unmengen von Plätzchen, bastelte mit uns und schmückte das Haus; an den Adventssonntagen kam meistens Besuch, und es wurde viel gesungen. Alles lief auf den Heiligen Abend zu. Die Spannung stieg schier unerträglich, und von Zeit zu Zeit liefen Thomas und ich zum Spiegel, um – wie „Die Kinder aus Bullerbü" – nachzuschauen, ob wohl unsere Haare vom langen Warten schon grau geworden waren.

In späteren Jahren breitete sich am Heiligabend eine gewisse Hektik aus. Irgendwer von uns war immer irgendwo musikalisch unterwegs – das musste koordiniert werden. Der Weihnachtsbaum, den Vater selten vor dem 23. 12. besorgte, was häufiger auf ein windschiefes Restexemplar hinauslief, war am Vorabend von Mutter geschmückt worden und das Wohnzimmer danach tabu. Beim Abschmücken hingegen habe ich oft geholfen. Als ich etwa elf Jahre alt war, nutzte Mutter eine solche Gelegenheit, um mich ganz nebenbei aufzuklären. So konnte sie ganz entspannt ihrem „Auftrag" nachkommen, ohne mich bei den „peinlichen" Inhalten anschauen zu müssen.

Also – wenn dann endlich alles fertig und alle wieder zu Hause waren am Heiligabend, läutete das Glöckchen, und es ging los. Vater las das Weihnachtsevangelium so, dass mich jedes Mal ein Schauer überlief. Anschließend sangen wir, bis – wie Mutter es auszudrücken pflegte – „Die Heide wackelte", alle uns bekannten Weihnachtslieder rauf und runter. Die weltlichen waren nicht vorgesehen und „Stille Nacht" auch nicht – das war zu schwülstig. Noch heute kann ich nahezu sämtliche Strophen aller Advents- und Weihnachtslieder auswendig, und ich erinnere mich nicht, dass ich je das Bedürfnis hatte, wegen der Geschenke das Singen zu beenden. Es gab ohnehin häufig Sachen, die sowieso benötigt wurden … und natürlich Bücher! In einem Jahr fand das von uns lang ersehnte „Jim Knopf und die wilde 13" den Weg auf den Gabentisch, leider ein Geschenk für alle Kinder. Da also niemand die Hoheit über das Buch hatte, wir drei Großen es aber nicht abwarten konnten, setzten wir uns zu dritt aufs Sofa, in der Reihenfolge der Lesegeschwindigkeit, die mit dem Alter korrespondierte: Thomas, in der Mitte, hielt das Buch, während Sebastian hinten und ich vorn uns den Hals verrenkten, um gleichzeitig lesen zu können. Die Bewertung eines Weihnachtsfestes ergab sich übrigens aus der Menge der Bücher, die ich geschenkt bekam. Die durfte man auch ausnahmsweise schon anlesen, so lange man wollte. Es gab keine „Zubettgehzeit". Vor dem nächtlichen Lesen stand aber noch der Besuch der Christmette an. Anfangs in der alten Elseyer Kirche, wo S. G. an der Orgel die Gottesdienste mit dem in jeder Strophe um einen Halbton höher angestimmten „O du fröhliche" beendete: Wonne und Schauer pur! Später dann, im Paul-Gerhardt-Haus, sang VIGHOLIN in der Christmette. Alles war anders zu Weihnachten, denn ich, die weder das obligatorische Geflügel noch Christstollen mit Rosinen & Co. mochte, bekam eine „Extrawurst" in Form von Hackbraten und Mohnstollen, während das ganze Jahr über selbstverständlich gegessen wurde, was auf den Tisch kam.

HOHENLIMBURG

Anfang der 60er-Jahre durfte ich mehrfach alleine die Großeltern in Hohenlimburg besuchen. Die Großmutter war kränklich, solange ich denken kann, und man konnte ihr höchstens *ein* „vernünftiges" Kind zumuten. Sie war in vielen ihrer Vorstellungen sehr speziell. So kaufte sie grundsätzlich „Goldmilch", die mit dem höchsten Fettgehalt, täglich vom Milchmann an die Haustür geliefert. Auch kochte sie Kakao nur mit Kondensmilch und außerdem war auf ihrem Löffel, mit dem sie täglich ihr Frühstücksei aß, immer ein Klecks Butter. Geschadet, vielmehr genützt, hat das nicht viel, denn sie war sehr schlank, ja geradezu mager. Ihren geliebten Kaffee bestellte sie, was zu der Zeit ziemlich ungewöhnlich war, direkt bei Eduscho in Hamburg. An den Paketen war auch ich sehr interessiert: Lagen doch jedes Mal kleine Hefte mit Abenteuer-Geschichten, die Ed, Usch und O erlebten, sowie einige winzige Schokoladentäfelchen bei.

Großmutter war künstlerisch ausgesprochen begabt; besonders in der Herstellung von Tieren und allerlei anderen Figuren aus einem speziellen Gipsmaterial, das wie Marmor aussieht. Sie pflegte Kontakte zu anderen Künstlern, und ich liebte es, mit ihr das Kunstgewerbegeschäft ihrer Freundin Edith zu besuchen.

Großvater zog Bier dem Kaffee vor, und ich musste jeden Abend für ihn an der „Bude", eine kleine Trinkhalle, wenige Minuten entfernt, seine zwei Flaschen „Krombacher" holen. Dabei machte ich gern einen Abstecher in die Nachbarschaft, zu Leuten, die einen Papagei besaßen. Dieser Vogel konnte zu meiner großen Begeisterung sprechen. Seine Lieblingssätze waren: „Du bist verrückt, mein Kind", „Wacker, wacker Pippi tun" und – höchst empört vorgetragen – „Du Lorbass!"

All die interessanten Schulsachen, anderen Bürokram und Bastelsachen bewahrte Großvater in seinem großen Arbeitszimmerschrank auf. Abgesehen vom Inhalt faszinierte mich der an Bakelit erinnernde Geruch dieses Schrankes, der erstaunlicherweise über Jahrzehnte, in denen er irgendwo im Keller weiterhin sein Dasein fristete, erhalten blieb und den ich bis heute in der Nase habe.

Bei den Großeltern lief häufig im Hintergrund das Radio, was mich deshalb irritierte, weil ich doch zu Hause gelernt hatte, dass man sich zum Radiohören hinsetzt, nichts anderes tut und still ist. So saßen wir Kinder nämlich und lauschten dem Kinderfunk, und auch, als 1961 die Nachricht vom Mauerbau und 1963 die von der Ermordung J. F. Kennedys gemeldet wurde. Ich war übrigens davon überzeugt, durch das „magische Auge" am unserem alten Röhrenapparat direkt ins Studio sehen zu können.

HATTINGEN

Nach dem vierten Schuljahr musste entschieden werden, auf welches Gymnasium ich gehen sollte. Da zu dem Zeitpunkt die Eltern, zusammen mit den zunehmend auf Unterstützung angewiesenen Großeltern, bereits begonnen hatten, in Hohenlimburg gemeinsam zu bauen und Vater eine Stelle am dortigen Gymnasium in Aussicht hatte, fiel die Wahl auf das Mädchengymnasium Hattingen, einfach weil dort dieselben Schulbücher benutzt wurden wie in Hohenlimburg. Für mich fühlte sich diese Lösung nicht besonders toll an, hatte ich doch kaum Erfahrung im Umgang mit gleichaltrigen Mädchen, und dann noch in so geballter Ladung! Ich bin in diesem Klassenverbund nie heimisch geworden, wenngleich ich mich an einige sehr nette und einige lustige Lehrer erinnere. Tief eingeprägt hat sich mir, abgesehen davon, dass ich überhaupt nicht nachvollziehen konnte, warum wir schon wieder umziehen mussten, der Moment, in dem wir Hattingen verlassen haben: Mutter saß, tränenüberströmt, mit Mülleimer und Besen auf dem Schoß, im Auto. Bei der Ankunft in Hohenlimburg sagte sie laut, deutlich und sehr entschieden (was sonst gar nicht ihre Art war): „Aus diesem Haus trägt man mich nur noch mit den Füßen voran wieder raus."

HOHENLIMBURG

Angesichts des Rohbaus, zu einem Zeitpunkt, als noch nicht alle Wände gemauert waren, geriet ich in große Sorge, dass in mein zukünftiges Zimmer vermutlich kein Bett, geschweige denn noch Schrank und Schreibtisch passen würden. Vater, ein verhinderter Architekt (nach dem Krieg war die Fortsetzung seines Architekturstudiums nicht möglich gewesen, so dass er sein Hobby zum Beruf machte und Schulmusiker wurde), liebte es, Baupläne zu zeichnen. Nicht nur unser Haus in Hohenlimburg hatte er geplant, sondern auch Häuser für diverse Freunde und Verwandte, und meine Befürchtung war, dass er sich diesmal *ver*plant haben könnte. Nun, dem war nicht so: Mein Zimmer war klein, aber fein und ganz allein mein.

Ähnlich wie Mutter war ich trotz des eigenen Zimmers nicht glücklich über den Umzug. Es fiel mir schwer, Fuß zu fassen; aber auch das endete im Laufe der Zeit, und ich fand Anschluss, wenngleich auch hier in der Nachbarschaft keine „Busenfreundin" für mich in Sicht war. Die beiden Nachbarsmädchen in meinem Alter fand ich ganz nett, aber irgendwie nicht geradlinig, so hintenrum. Dennoch war es eine große Kinderschar, mit der wir immer etwas unternahmen. So hatte z. B. jeder seinen eigenen Pflaumenbaum in einer Baumreihe auf der Wiese am Ende der Siedlung, der gegen was auch immer verteidigt wurde, und wir spielten stundenlang auf der Straße Völkerball. Das Freibad, Badeanstalt genannt, war ganz in der Nähe, und da wir Mitglieder im Schwimmverein wurden, konnten wir es so oft benutzen, wie wir wollten.

FERIEN

Noch bevor ich in die Schule kam, verbrachten wir einen Sommermonat auf dem Bauernhof von Mutters Cousin Friedrich in Kleve am Niederrhein. Es war heiß, und ich erinnere mich an die vielen unterschiedlichen, wundervollen Düfte. Im Ruhrgebiet und der näheren Umgebung, in Hattingen und Dortmund, war zu der Zeit noch Kokereigeruch allgegenwärtig. Die zahlreichen Zechen produzierten Dreck und Gestank. In Dortmund gab es so viele grau-schwarze Häuser, dass ich mich eine Zeit lang darüber wunderte, wie viele Schornsteinfeger es wohl geben müsse. Ich war nämlich sicher, dass nur Schornsteinfeger in so dreckigen Häusern wohnen konnten. Wie herrlich dagegen der Duft von Kälbermilchpulver, reifen Beeren, Heu, ja, sogar im Schweinestall roch es gut. Dort gab es gerade neugeborene Ferkel, und ich hätte am liebsten im Stall geschlafen. Onkel

Friedrich besaß schon eine Melkmaschine für seine vielen Kühe, sehr fortschrittlich! Allerdings ließ mich das daran zweifeln, dass „Hans im Glück" seine Kuh tatsächlich mit der Hand gemolken haben konnte: Er hatte schließlich keine dieser offensichtlich unentbehrlichen Maschinen.

Wir Kinder mussten zur Mittagszeit den Feldarbeitern, tatsächlich noch Knechte genannt, ihr Essen und Trinken bringen. Nicht selten verloren wir Saft aus der großen Blechkanne, weil wir uns selber mit Anschauungsunterricht zu Zentrifugalkräften versorgten. Zurück durften wir dann auf dem hochbeladenen Heuwagen mitfahren.

Und noch etwas beschäftigte mich in diesen Ferien: Ich hatte mich immer mal wieder gefragt, wie wohl das Ende der Welt, in meiner Vorstellung noch eine Scheibe, aussehen mochte. Angesichts eines riesigen, langen und aus meiner Warte meterhohen Bauzauns bekam ich auf meine Frage, was denn dahinter sei, von Onkel Friedrichs Frau erzählt, ab hier sei die Welt mit Brettern zugenagelt. Da hatte ich meine Antwort – so also sah das Ende der Welt aus!

Im Jahr darauf fuhren wir nach Julianadorp in Holland und machten erste Bekanntschaft mit Pommes Frites und Pasta Schoka, die es sehr viel später als Nutella auch in Deutschland gab. Es war mein erstes Zusammentreffen mit dem Meer – wunderbar. Weniger schön war der Sand, der sich besonders gern in Käse und Tomaten, unserem Strandpicknick, festsetzte. Vater fand den Sand in der Mechanik seines geliebten Fotoapparates noch schlimmer. Selten habe ich ihn so schimpfen gehört. Das mit dem Sand ist auch heute noch dasselbe: So sehr ich das Meer liebe, so sehr stört er mich im Essen und langsam auf dem Körper antrocknend, besonders an den Füßen.

Da Vater einen Teil seiner Pilotenausbildung während des Krieges in Holland absolviert hatte, nutzte er die Gelegenheit, mit uns verschiedene Orte zu diesem Thema aufzusuchen. Ich habe keine Einzelheiten, nur ein sehr bedrückendes Gefühl in Erinnerung; vom Krieg wollte ich gar nichts hören. Das hat mir Angst gemacht. Lustig hingegen war, was meine Cousine Evelin, die uns in diesen Ferien begleitete, tat: Sie ging mit ihrer neuen Jeans, damals Nietenhose genannt, ins Meer und schrubbte unermüdlich mit einer Wurzelbürste auf den Hosenbeinen herum – erst dadurch wurde die Hose schick! Heute schrubbt man nicht, sondern kauft gleich Jeans mit Löchern und dünnen Stellen.

Wir machten Ferien in der Rhön, wo wir von einer Jugendherberge zur anderen zogen. Da man dort kein Essen kochen konnte und auswärtsessen nicht in Frage kam, hatte Vater auf unseren Wanderungen in seinem Rucksack immer Konservendosen – ich erinnere mich an Pichelsteiner Topf – und einen alten Kochtopf dabei. Wir machten Feuer und erhitzen den Eintopf, um dann anschließend, jeder mit seinem eigenen Löffel, aber aus einem Topf zu essen. Thomas fand das nicht so prickelnd.

In diesen und den meisten darauffolgenden Ferien begleitete uns immer ein Roman, eine Erzählung oder eine Abenteuergeschichte. Vater las täglich daraus vor und konnte einen durch seine unnachahmliche Art, das zu tun, mitten in die Geschichten hineinholen. Ich erinnere mich an den Seeteufel Felix Graf Luckner, die wundersame Reise des Nils Holgersson mit den Wildgänsen, das kalte Herz, an Amundsens Wettlauf zum Südpol und Fritjof Nansens Fram-Expedition. Geradezu gespenstisch geriet eine solche Lesestunde auf dem Belchen im Schwarzwald; wegen des undurchdringlich dichten Nebels war es uns vorübergehend nicht möglich, weiterzulaufen, und so wird Amundsens Drama für mich immer mit diesem Nebel und der entsprechenden Stimmung verbunden bleiben.

VERWANDTSCHAFT

Mutters Familie haben wir oft besucht, alle zusammen oder ich allein. Ich war ca. elf, als ich unbegleitet mit Zug und Straßenbahn nach Westerfilde fahren durfte. Entweder zu Tante Elise oder zu Tante Iris und Onkel Zacharias; sie wohnten nicht weit voneinander entfernt. Tante Elise war für mich/uns immer so eine Art Oma-Ersatz nachdem Omi an Silvester 1962 gestorben war. Man dufte viel mehr als zu Hause, wurde verwöhnt mit Wunschessen, Fernsehen und Besuchen auf dem Robinson-Spielplatz, Überbleibsel der Bundesgartenschau von 1959. Als sie später noch einmal heiratete, war ich ernsthaft eifersüchtig auf Onkel Emil – wie konnte er es wagen, uns Tante Elise wegzunehmen!

Bei Kleemanns, Tante Iris und Onkel Zacharias, waren es vor allem die Cousinen Evelin und Lene, auf die ich mich freute. Zehn und sechs Jahre älter als ich, haben sie mich klaglos in alles einbezogen; das machte mich sehr stolz und habe sie immer bewundert. Ich erbte tolle Kleidung von ihnen; die war, da Tante Iris sehr viel modebewusster war als Mutter, deutlich schicker, als das, was es zu Hause gab; vor allem aber füllte sich mein Kleiderschrank, und ich hatte große Auswahl. Unvergessen ist auch ein Hallenbadbesuch mit Lene, als wir vor der Rückfahrt mit der Straßenbahn plötzlich feststellen mussten, dass uns das Fahrgeld abhandengekommen war. So liefen wir, bei Eiseskälte, gefühlt mehrere Stunden, entlang der Straßenbahnschienen als Wegweiser, von Dortmund Innenstadt nach Westerfilde.

Tante und Onkel, wenn auch nicht verwandt, waren Alma und Robert Mohn in Dillenburg. Onkel Robert war Vaters ältester Freund aus Berliner Kindertagen. Sie hatten zwei Söhne, und deshalb war Tante Alma anfangs nicht sicher, ob sie wohl mit einem Mädchen zurechtkäme; das hat sich schnell gegeben, und wir haben uns wunderbar verstanden, wenn ich bei ihr war. Sie wohnten in einem Haus direkt an der Diezhölze; die Mauern standen im Wasser, und es gab, wie dekadent, ein Lotterbett: ein großes, breites Bett mit vielen Kissen und Decken, auf dem man tagsüber rumfläzen und lesen durfte. Herrlich! Außerdem besaß die Familie einen faszinierenden Sahneschläger: ein zylindrisches, hohes Metallgefäß, in das die flüssige Sahne kam. Den dazugehörigen Stiel, an dem eine Scheibe befestigt war, musste man nur wenige Male kräftig auf und ab bewegen, und fertig war die Schlagsahne!

Tante Alma fand ich immer ein bisschen verrückt, dabei total liebenswert. Eines Tages vertraute sie mir an, dass sie heimlich auf dem Dachboden rauchte und nahm mir das Versprechen ab, es nicht Onkel Robert zu verraten. Selbstverständlich tat ich das nicht; nur nahm mich der irgendwann zur Seite, um mir mitzuteilen, er wisse, dass Tante Alma heimlich rauche, aber ich solle ihr das doch bitte nicht sagen!

Vaters Schwester und ihre Familie, vier Kinder, wie bei uns, sahen wir sehr selten. Tante Barbara war nicht so der Familienmensch und ihre Kinder im späteren Verlauf auch nicht. So konnten wir kaum eine Beziehung zu ihnen aufbauen; nur zu Franz, der wenig älter ist als ich, habe ich bis heute Kontakt, während sich die noch lebenden Dortmunder Verwandten alle wie engste Familie anfühlen.

Väterlicherseits gab es viel häufiger Treffen mit den Familien seiner Cousinen, die meisten der Anthroposophie eng verbunden. Das hat bei mir zu Irritationen geführt, weil deren Kinder, meine Generation, keine Bücher von Astrid Lindgren, der absoluten Lieblingsschriftstellerin meiner Kindheit, lesen durften, was auch streng überwacht wurde. In den Büchern gab es zu viel ausufernde Phantasie. Keine Ahnung, warum die Eltern befürchteten, dass Kindern das nicht guttut. Kästner ging gerade noch so eben durch. Sehr viel weltoffener, und damit die Ausnahme in diesem Familienzweig, waren Agnes, Vaters jüngste Cousine, und Greta, die älteste. Von Greta übernahm ich vor einigen Jahren den Familienschmuck in meine Obhut. Laut Bestimmung meiner Urgroßmutter soll er immer an das älteste Mädchen der nächsten Generation weitergegeben werden. Ich bin nur die Zweitälteste, aber da meine Cousine Anni „nichts mit Familie am Hut hat", so O-Ton Greta, hat sie sich kurzerhand über den Willen der Urgroßmutter hinweggesetzt.

SCHULE

In die Schule, das Hohenlimburger Gymnasium, fuhren wir in der Regel morgens mit Vater. Ein Vorteil, wenn der eigene Vater an derselben Schule unterrichtet; nachteilig hingegen fand ich es, dass er von Kollegen immer informiert wurde, wie „man sich so machte"; die Noten von Klassenarbeiten kannte er häufig schon vor mir, und der Freiraum, sich danebenzubenehmen, war eingeschränkt. Nicht dass ich das unbedingt getan hätte, dazu war ich viel zu angepasst, aber es gab ja nicht mal die theoretische Möglichkeit, so etwas unbemerkt von den Eltern zu tun. Zu meinem Glück war Vater ein durchaus beliebter Lehrer, so dass ich von anderen Schülern wenigstens nicht in Sippenhaft genommen wurde.

Ich war eine durchschnittliche Schülerin; Deutsch, Sprachen – außer Latein –, Musik und Kunst fielen mir leicht. Naturwissenschaften, von Biologie einmal abgesehen, interessierten mich nur mäßig, und in Mathe hing meine Leistung sehr vom jeweiligen Thema ab. Zensuren aller Couleur, nämlich von 1 bis 6, kamen nur in Mathe vor. Geschichte, Erdkunde und Sport liefen einfach so mit, wie überhaupt Schule einfach so lief: Ich bin weder gern noch ungern hingegangen. Da bis kurz vor meinem Abitur der Numerus Clausus unbekannt war, gab es auch keine besondere Veranlassung, sich anzustrengen, um ein spezielles Fach studieren zu können. Das führte dazu, dass ich nicht, wie gewünscht, direkt nach dem Abi einen Medizinstudienplatz bekam. Aber dazu später mehr.

Über Klassenfahrten gibt es nichts Besonderes zu berichten; wir fuhren, wie in diesen Jahren üblich, in Jugendherbergen, die in verschiedenen, besonders wandergeeigneten Gegenden Deutschlands lagen, und zum Skilaufen in den Harz. Jahrzehnte später fanden wir uns übrigens anlässlich unseres jährlichen Familientreffens rein zufällig in genau der Hütte im Harz vor, in der einige von uns ihre Schulskifreizeit verbracht hatten. Die Abschlussfahrt im Abiturjahr ging nach Berlin, aber das kannte ich bereits.

Mein Schüleraustausch führte mich nach Lievin, der französischen Partnerstadt von Hohenlimburg, und ich habe es sehr genossen, ein wenig an der leichten französischen Lebensart zu schnuppern. Weniger schön war die Tatsache, dass es bei meiner Gastfamilie kein Bad gab und man sich in der Küche wusch, dort, wo sich der Gastvater meistens hinter seiner Zeitung versteckte.

Außerdem schlief ich zusammen mit Juliette, meiner Partnerschülerin, in einem ziemlich kleinen Bett. Als ich mich bei ihr beklagte, dass ich mich wegen der ständigen Anwesenheit des Vaters nicht so ausführlich waschen konnte, wie ich das wollte, meinte sie, ich müsse einfach mehr Parfum verwenden. Zu Hause habe ich das lieber nicht erzählt.

Einen privaten, etwas anderen „Austausch" mit England gab es 1971 für mich. In den 60ern, noch in Hattingen, lebte Angie eine Weile mit uns, als eine Art Aupair. Das war wie gesagt nicht offiziell, sondern kam über Tante Tucky, Freundin der Familie, die in England als Lehrerin arbeitete, zustande. Angie unterstützte einerseits die Mutter, lernte Deutsch und wir zeigten ihr das, was auch später all unsere Austauschschüler zu sehen bekamen: den Kölner Dom und die Wasserschlösser im Münsterland. 1971 also, Angie war bereits verheiratet und hatte ihr erstes Kind, besuchte ich sie, und im gleichen Zug noch eine andere Familie, während der nach vorne und hinten um einige Wochen verlängerten Osterferien in Farnham, südlich von London. Viel mehr als London, das wir mehrfach ausführlich besichtigten, haben sich mir Hin- und Rückreise eingeprägt. Die Hinreise ging mit Zug und Fähre nach Dover, wo der Anschlusszug nach London – dort sollte ich an der Victoria Station abgeholt werden – mehrere Stunden Verspätung hatte. Ich war in großer Sorge: Gab es doch keinerlei Möglichkeit, mit Angie in Kontakt zu treten, um sie über die Verspätung zu unterrichten. Ich kam also mitten in der Nacht in London an und befürchtete schon, von Vaters Notfalllösung Gebrauch machen zu müssen. Er hatte mir nämlich für den Fall der Fälle einen Extra-Geldbetrag gegeben und mich angewiesen, sollte irgendetwas schiefgehen, ein Taxi zu nehmen und zur Deutschen Botschaft zu fahren. So weit kam es dann glücklicherweise nicht. In London, auf dem Bahnhof, bat ich einen Bahnbediensteten um Hilfe, und der wusste, dass seit Stunden immer wieder ein Mann vorbeigekommen war, mit einem Schild vor dem Bauch, auf dem ein deutscher Name stand. Er empfahl mir, bei ihm zu warten (Meetingpoints waren noch unbekannt); und tatsächlich: Nicht lange, und ein Mann, es war Harry, Angies Ehemann, den ich noch nicht kannte, erschien, mit einem großen Schild, auf dem mein Name stand. Den Stein, der mir vom Herzen fiel, hat man sicher bis Hohenlimburg plumpsen gehört. Angie und Harry also „verwöhnten" mich mit diversen Lammgerichten und Mintsauce; fast alles, was man aß, kam übrigens aus Neuseeland und schmeckte sehr fremd für mich. Ebenso wie Marmite, ein Hefeextrakt, den ich fälschlicherweise für Apfelkraut hielt und den ich zum Glück, so dachte ich, auf dem Frühstückstisch vorfand. Leider entpuppte sich Marmite als widerlich schmeckende Gewürzpaste, so dass ich doch irgendwie mit Orangenmarmelade, Honig, Würstchen und gegrillten Tomaten klarkommen musste – alles nicht das, was ich mir unter Frühstück vorstellte.

Angie und Harry zeigten mir einiges von Südengland, während ich die zweite Hälfte meines Aufenthaltes in der Familie des gerade zurückgekehrten englischen Botschafters in Indien verbrachte. Die Familie Williams lebte in einem schlossähnlichen Anwesen, mit riesigen Zimmern, die jeweils ein eigenes Bad hatten. Sie hatten drei Kinder, James, Linda und Fiona, wobei Linda in meinem Alter, James zwei Jahre älter und Fiona zwei Jahre jünger war. Es gab einen eigenen Tennisplatz, und so wurde ich, die ich bislang nur Volleyball und Federball spielte, in die Grundfertigkeiten des Tennis eingeführt. Krocket spielten wir dann zur Entspannung. Ich ging auch mit in die Schule nach Guildfort, wo mich vor allem die Uniformen und die Disziplin der Schüler erstaunten, ja, fast irritierten. Auch mit der Familie Williams machte ich Ausflüge, u. a. zum Pferderennen Point-to-Point in Midhurst. Die Hüte der Damen sind mir unvergesslich –, und ich gewann bei einer Pferdewette, unter Anleitung natürlich, ca. ein Pfund. Das war ein großer Spaß! Der verging mir dann auf der Rückreise ganz schnell wieder: Diesmal flog ich nach Hause, und zwar mit einer ziemlich kleinen Propellermaschine, mein erster Flug überhaupt. Neben mir saß ein Mann, der mir während einiger Turbulenzen über dem Ärmelkanal richtig Angst machte, indem er behauptete, unser Absturz stünde unmittelbar bevor. Ich war wohl ziemlich blass, als die Eltern mich in Düsseldorf in Empfang nahmen, und es erschloss sich mir absolut nicht, warum Vater immer so vom Fliegen schwärmte.

Durch eine Agentur in Finnland vermittelt, pflegte ich über Jahre zwei Brieffreundschaften: mit einem Mädchen aus Bangkog und einem Jungen aus Chile. Es gingen regelmäßig Briefe auf extra dünnem Luftpostpapier hin und her, und ich erfuhr so manches über diese Länder aus erster Hand. Damals lag die Möglichkeit, selber einmal dorthin reisen zu können, in unerreichbarer Ferne. Die Verbindung zu Sumalee in Thailand schlief irgendwann ein, während ich überrascht und später auch besorgt war, von Eduardo aus Chile nach dem Sommer 1973 nie wieder zu hören – unser Austausch war sehr viel intensiver gewesen als der mit der Thailänderin. Da er schon als Schüler politisch aktiv war, befürchte ich bis heute, dass er im Zusammenhang mit dem Militärputsch vom 11. 9. 1973 irgendwie unter die Räder gekommen ist.

MUSIK

Aus der Schulzeit hervorgegangen ist VIGHOLIN (Vokal- und Instrumentalgruppe am Gymnasium Hohenlimburg). Als Vater den Oberstufenchor übernahm, leider erst zwei Jahre vor meinem Abi, blühten beide, Vater und Chor, so richtig auf. Während wir mit Herrn Schneidewind, zuvor, hauptsächlich Teile großer, klassischer Werke probten – und selten aufführten –, war Vaters Vorstellung eine ganz andere. Mit traumwandlerischer Sicherheit wählte er Literatur aus, die zunehmend alle, Schüler wie Eltern und ein größer werdendes externes Konzertpublikum, begeisterte. Über Madrigale, Spirituals, folkloristische Chorliteratur aus aller Welt bis zu Singspielen als Schattentheater, Moritaten und Sprechgesangstücken war alles dabei. Unterstützt durch Improvisationsgruppe, Flötengruppe, Volkstanzgruppe und Orchester, stellte er immer wieder abwechslungsreiche Konzertprogramme zusammen. Bald schon organisierte Vater die Teilnahme an internationalen Chortreffen, „Europa cantat". Ich war mit in Leicester, Luzern und Vaison-la-Romaine, allerdings erst nach meiner Schulzeit. Das waren tolle Reisen, und es ist unglaublich bewegend, mit mehreren 1000 Menschen gemeinsam zu singen. Auch die sogenannten Ateliers, heute würde man Workshops sagen, die von international bekannten Chorleitern angeboten und deren Ergebnisse in einem gemeinsamen großen Abschlusskonzert präsentiert wurden, sind unvergessliche Erlebnisse. VIGHOLIN besteht, längst vom Gymnasium losgelöst, bis heute; als Vater die Leitung einige Jahre nach seiner Pensionierung abgab, übernahm zunächst Thomas den Chor, bis er später in die Hände einer ehemaligen Mitsängerin überging.

Bis zum Abitur hatte ich regelmäßig Querflötenunterricht bei Herrn Schmale, Mitglied des Orchesters am Hagener Stadttheater. Ich nahm mehrfach an Jugend-musiziert-Wettbewerben teil und spielte bei S. G. im Hohenlimburger Kammerorchester. Am liebsten erinnere ich mich an meine erste Aufführung von Bachs Weihnachtsoratorium, was mir auch in späteren Jahren, sowohl singend wie flötend, sowohl in Berlin wie auch in Bad König, immer mal wieder begegnete. Witzig ist an der Stelle festzuhalten, dass „meine" Kantoren in Hohenlimburg, Berlin und Bad König zusammen in Berlin studiert hatten.

Aber nicht nur selbst gemachte Musik spielte eine Rolle. Vater war an Gründung und Leitung der Konzertgesellschaft Hohenlimburg beteiligt, die sich zur Aufgabe gemacht hatte, junge, vielversprechende Musiker einzuladen. So gab es im Laufe der Zeit etliche tolle Konzerte; manchmal durfte ich einem Pianisten umblättern, was jedes Mal sehr aufregend war. Der später wohl bekannteste Künstler war Justus Franz, der allerdings auswendig spielte.

FERIEN

Einige Male verbrachten wir die Ferien in Dänemark, mal an der Ostsee, mal an der Nordsee. Ich erinnere mich gut an einen Besuch im Tivoli in Kopenhagen. Das war schon deshalb besonders, weil es für damalige Verhältnisse nicht billig war, vor allem aber wegen der in Felsen gemauerten, für meine Begriffe unvorstellbar langen und rasanten Achterbahn, von der Thomas und ich gar nicht genug bekommen konnten. Die kleine Meerjungfrau hat mich nicht annähernd so beeindruckt, eher schon Hot Dogs und Ymer. Auch die Sprache, in der Altersheim Gammelhus, Schimmelkäse Gammelost und „Seitenstreifen nicht befahrbar" Rabatten bloed heißt und dergleichen mehr, fanden wir Kinder urkomisch.

Mit der Familie eines Kollegen von Vater, der passionierter Bergsteiger war, machten wir Urlaub in Kötschach-Mauthen in Kärnten. In Erinnerung ist mir ein Schwimmbad mit eiskaltem Wasser und Siebenmeterturm, von dem ich sprang; vor allem aber ist mir sehr präsent, dass ich in diesen Ferien so heftig an Mumps erkrankte, dass mir das Trommelfell durchstochen werden musste. Der Arzt hieß, ich werde es wohl nie vergessen, Dr. Ares Nersakelian, war Armenier und ein ausgesprochen liebenswürdiger Mensch. Ich musste viel Zeit im Bett verbringen, während die anderen Bergtouren und Ausflüge machten und hatte Muße zum Lesen; alles, was in der Ferienwohnung im Regal stand, musste dran glauben. Das waren u.a. Via Mala, Quo Vadis und Ganghofer rauf und runter.

Das Ziel für den vorläufig letzten Familienurlaub, im Jahr vor dem Abitur, durfte **ich** aussuchen. Meine Wahl fiel auf das damalige Jugoslawien, und es wurde die Insel Cres. Ich war alleine mit dem Zug angereist, weil unser Auto für sechs Personen plus Gepäck, zu dem auch drei Schlauchboote gehörten, nicht ausreichte. Der erste Schock erwartete uns bei der Ankunft auf der Insel. Vater hatte schriftlich eine Ferienwohnung mit Küche gebucht, aber die Küche gab es nicht! Ich sah alle Felle davonschwimmen, denn mir war klar, dass drei Wochen lang drei

Mahlzeiten pro Tag im Restaurant einzunehmen, jedes Budget sprengen würde und befürchtete die sofortige Abreise. Nun, Vater konnte nachweisen, dass uns die Küche zugesagt worden war und nahm ersatzweise „gnädig" das Angebot des örtlichen Fremdenverkehrsbüros an, uns sämtliche Mahlzeiten kostenlos zur Verfügung zu stellen. So wanderten wir dreimal täglich die 100 Meter ins nächste Restaurant und genossen den unglaublichen Luxus, dort zu essen. Vor allem Mutter war begeistert, dass sie nicht kochen musste. Den nächsten Schock erlitt Vater, als das Scherblatt an seinem Rasierapparat kaputt ging und auf der Insel kein Ersatz zu bekommen war. Den Vollbart, der ihm aus diesem Grunde wuchs, behielt er bis zum Ende seines Lebens.

Es waren traumhafte Wochen; wir wohnten direkt am Wasser, waren viel mit den Schlauchbooten unterwegs und bewunderten das glasklare Meer. Und noch etwas trug zu dem Traum bei: Zum ersten Mal war ich verliebt. Der Auserwählte wohnte bei Verwandten im selben Haus wie wir, hieß Goran, studierte Architektur und war gerade von einem Auslandssemester in Kanada zurückgekehrt, weshalb er hervorragend Englisch sprach. Ziemlich geschockt war ich eines Tages, als er mich fragte: „Do you want to die with me?" Soooo verliebt war ich nun auch wieder nicht! Das Missverständnis klärte sich auf: Er hatte nicht „to die", sondern „to *dive*" gesagt und wollte nur mit mir zum Tauchen gehen. Wir blieben in Kontakt, aber als ich ihn etwa eineinhalb Jahre später – ich lebte schon in Berlin – besuchen wollte, verboten die Eltern das. Man wurde ja erst mit 21 volljährig.

HAUS UND GARTEN

Mutter hatte klare Vorstellungen davon, was ein Mädchen, selbst wenn es Abitur macht und eventuell studiert, können muss, bevor es das Elternhaus verlässt. So schickte sie mich während der Sommerferien in einem Jahr täglich vormittags zu einer befreundeten Schneiderin, die mir die Grundbegriffe des Maschinennä-

hens, den Umgang mit Schnittmustern und verschiedene Näh-
techniken beibringen sollte. Nur einmal nähte ich mir mit der
Maschine durch den Zeigefinger, so dass die Nadel im Krankenhaus entfernt werden musste. Anfangs murrte ich innerlich,
aber bald packte mich das Nähfieber, und ich bin ihr noch heute dankbar dafür.

Wäschepflege stand auf dem Programm, und wenn ich die
Wäsche aufgehängt hatte, hieß es schon mal: „Deine Leine sieht
aus, als ob Zigeuner Frühjahrswäsche haben" (ja, ich weiß, heute würde man den Begriff Zigeuner nicht mehr verwenden).
Auch das hat Nachwirkungen: Es ist mir unmöglich, Wäsche
einer Kategorie, insbesondere Socken, nicht ordentlich nebeneinander aufzuhängen.

Wenig prickelnd fand ich die Gartenarbeit; aber auch da stellte ich Jahrzehnte später fest, dass doch vieles hängengeblieben ist,
und heute kann ich mir überhaupt nicht mehr vorstellen, keinen Garten zu haben, um den ich mich kümmern darf. Ernten
und Einkochen war ja noch in Ordnung, aber Unkrautjäten usw.
war gar nichts für mich. Da konnte ich dem Kochen und Backen
schon deutlich mehr abgewinnen. Meine Kochkünste durfte ich
dann auch in der Praxis anwenden, indem ich, während die Eltern von Zeit zu Zeit während der Osterferien zur Kur waren,
meine Geschwister und Großvater, der die Oberaufsicht über uns
hatte, bekochte. Auf Großvaters Aufsicht hätte ich gerne verzich-
tet; hatte er doch das Bedürfnis, alles an Erziehung nachzuholen,
was die Eltern seiner Meinung nach versäumt hatten. Wir waren ungezählten seiner Vorträge ausgeliefert, und dabei konnte
es durchaus vorkommen, dass er, begeistert vom eigenen Reden,
sich ein Brot schmierte und erst beim Versuch, es durchzuschnei-
den, realisierte, dass er direkt auf das Brettchen gestrichen hatte und gar keine Scheibe Brot da war. Das Kochen aber klapp-
te ganz gut, und auch die Brüder waren meistens zufrieden. Ich
erinnere mich nur an einem Vorfall. Es ging um Nachtisch, ich
weiß nicht, welchen; jedenfalls fragte Sebastian, woher denn das
Rezept sei. Meine Antwort, ich hätte es aus Mutters Kochbuch
genommen, kommentierte er in seiner unnachahmlichen Art mit

den Worten: „Zum Glück hast du es da rausgenommen, es wäre besser gewesen, wenn es nie da dringestanden hätte."

HOHENLIMBURG

Im Mai 1973 machte ich Abitur; Entlassungsfeier war an meinem 18. Geburtstag. Schon kurz vorher hatte Vater bekannt gegeben, dass ich ab diesem Zeitpunkt alles selber entscheiden dürfe, was sich allerdings hauptsächlich auf das Ausgehen bezog. Ich war ja, wie oben bereits erwähnt, noch nicht volljährig. Nun, bei den zahlreichen Abifeten habe ich es reichlich ausgenutzt. Zwei Monate zuvor hatte ich mich in Tübingen um einen Ausbildungsplatz zur Krankengymnastin beworben; so wollte ich die Wartezeit auf einen Medizinstudienplatz – den ich zwar irgendwann bekam, dann aber zu Gunsten von Familienplanung nicht mehr antrat – überbrücken. Die Aufnahmeprüfung fand dummerweise ausgerechnet an dem freien Mittwoch zwischen meinen vier schriftlichen Abiturprüfungen statt. Also fuhr ich dienstags mit dem Nachtzug nach Tübingen und am Mittwoch, nach den Aufnahmeprüfungen dort, wieder über Nacht zurück, um am nächsten Morgen pünktlich meine nächste Abiturarbeit zu schreiben. Hat alles geklappt; auch die Aufnahmezusage hatte ich bald in der Tasche. Zeitgleich war Großvater aktiv geworden. Im Oskar-Helene-Heim, Teil der orthopädischen Uniklinik in Berlin, der auch die Krankengymnastikschule angeschlossen war, saß in der Verwaltung ein Mann, den Großvater aus seiner Zeit als Lehrer für „Ohnhänder" (Kriegsversehrte ohne Hände oder Arme) am Oskar-Helene-Heim kannte, weil er ihn während des Krieges gefördert und dort untergebracht hatte. Wie es genau lief, weiß ich nicht: Jedenfalls hatte ich auch dort plötzlich einen Schulplatz – Aufnahmeprüfungen gab es in Berlin nicht – und musste mich entscheiden. Die Wahl fiel auf Berlin.

Im Sommer1973 jobbte ich drei Monate lang als Briefträgerin, um mir etwas Geld zu verdienen. Das wurde sehr gut bezahlt, man war an der frischen Luft, bekam viel Trinkgeld, weil die Renten zu der Zeit häufig bar vom Postboten ausgezahlt wurden; Schuhgeld in Höhe von 60 DM gab es monatlich auch, und das Beste war: Wenn ich mich ein bisschen sputete, konnte ich meine Runde bereits am frühen Nachmittag abschließen und Schwimmen gehen. Das Geld brauchte ich für die geplante Reise nach Südfrankreich. Meine Freundin Gerlinde hatte zum Abitur eine nagelneue „Ente" (Citroën 2CV) geschenkt bekommen; den Führerschein besaßen wir jede auch inzwischen, und so standen dem Start nur noch unsere Eltern im Weg. Wir beide, 18 und 19 Jahre alt, waren auf ihre Erlaubnis angewiesen, und es kostete uns viel Überredungskunst und Beteuerungen, auf uns zu achten usw., bis wir die endlich in der Tasche hatten. Dass Eltern sich Sorgen machen, war ja nichts Neues; begriffen, wie sich das anfühlt, habe ich erst, als ich selber Kinder hatte.

Meine Freundin, etwas ängstlich, dafür mit einem üppigen Notgroschen in der Tasche, und ich, fest davon überzeugt, dass es für alle eventuell auftauchenden Probleme schon eine Lösung geben werde, stiegen in die Ente und unterwegs waren wir. Die Landschaft, das Licht in der Provence, die Menschen, die Sehenswürdigkeiten, das Meer und die französische Lebensart waren einfach fantastisch. Ich bin sicher, dass hier der Grundstein für meine Liebe zu Frankreich gelegt wurde. Wir schliefen in billigen Unterkünften oder bei Bauern, denen wir im Gegenzug für Bett und Essen bei der Ernte halfen. Die seltsamste Unterkunft fanden wir sehr spät abends, es war stockfinster, in Aix-en-Provence: Es sah zwar ein wenig schummerig und kitschig aus, aber erst am nächsten Morgen stellten wir fest, dass wir in einem Puff, der auch Zimmer vermietete, gelandet waren. Zum Glück machte niemand Anstalten, die für solche Etablissements typischen Dienstleistungen von uns zu fordern.

Und wir lernten Autofahren! Ob am Strand im Sand, in engen Serpentinen-Straßen hoch über dem Meer oder im völlig verkehrsüberlasteten Marseille – es war alles dabei. Nach einigen Wochen landeten wir erfüllt, stolz und wohlbehalten wieder zu Hause; und dann hieß es, Abschied zu nehmen von der Familie und von Hohenlimburg.

BERLIN

Am 1. 11. 1973 begann meine Ausbildung in Berlin, zeitgleich mit Gerlindes Studienbeginn ebenda. In einer alten Villa in Dahlem fanden wir beide je ein Zimmer zur Untermiete bei zwei netten alten Damen. Ich fuhr mit der U-Bahn zwei Stationen zum Oskar-Helene-Heim, was unnötig Geld kostete, aber zu weit zum Laufen war, so dass ich von einem meiner ersten Besuche zu Hause mein Fahrrad im Zug mit nach Berlin brachte. Leider wurde es mir, so wie auch das nächste, uralt und billig, innerhalb weniger Tage geklaut.

In der Schule fühlte ich mich von Anfang an wohl. Ich lernte liebe Menschen kennen und besonders mit Vigdis, meiner norwegischen Tischnachbarin, was alle manuellen Behandlungen gegenseitig mit- und aneinander zu üben, einschloss, hatte ich viel Spaß. Der Stoff war umfangreich, aber gut zu bewältigen und endlich zahlte sich die jahrelange Latein-Plackerei aus: Mit der medizinischen Terminologie hatte ich, im Gegensatz zu den „Nicht-Lateinern", überhaupt keine Mühe. Der Schulalltag war eng getaktet; wir hatten an sechs Tagen in der Woche von 8.00 bis 18.00 Uhr (samstags bis 12.00) Unterricht, bzw. nach dem ersten halben Jahr täglich vier Stunden davon praktischen Einsatz in diversen Fachbereichen der Uniklinik, die über ganz (West-)Berlin verteilt waren. Im Sommer gab es drei Wochen Ferien, zu Weihnachten zwei. Es blieb also kaum Zeit, ein wenig Geld zu verdienen, so dass ich nur sonntags öfter in einem Café bedienen konnte.

Während der gesamten Ausbildungszeit saß am Tisch vor mir Annegret, die einzige, mit der ich seit dieser Zeit bis heute in Kontakt bin. Beim Austausch über unsere Hobbys stellte sich schnell heraus, dass sie auch Chorsängerin war, und so landete ich sehr bald in „ihrer" Kantorei in Neu-Westend. Viele „Merksätze", die mir auch heute noch unweigerlich beim Singen einfallen, stammen vom dortigen Kantor, genannt Pino. Die Neu-Westender Serenaden, wo wir u. a. Kaffee- und Schulmeisterkantate, Brahms Zigeunerlieder und die Fuge aus der Geografie aufführten, sind mir in lebhafter Erinnerung. Außerdem kam ich in Kontakt mit der Instrumentalgruppe „Musikalische Compagnej", die sich der Renaissancemusik verschrieben hatte. Ich lernte Instrumente wie Zinken, Dulcian, Krummhorn und Pommer kennen und begeisterte mich eine Zeit lang sehr dafür. Da die Gruppe eng mit Nikolaus Harnoncourt, Pionier der historischen Aufführungspraxis, verbunden war, ergab sich die Gelegenheit für einige beeindruckende Konzerte. Auch war ich mit dem Menschen befreundet, der die Verteilung der Studentenkarten unter sich hatte, die sehr preiswert für Aufführungen in der Philharmonie immer dann ausgegeben wurden, wenn kein Chor mitwirkte. Das heißt, man saß auf den Chorbänken im Rücken des Orchesters, was vielleicht rein akustisch betrachtet nicht der optimale Platz in der Philharmonie ist, dafür atmosphärisch sensationell mitreißend. So hörte und sah ich alles, was während der 70er-Jahre in der Klassik-Szene Rang und Namen hatte, unter vielen anderen auch Christoph Eschenbach im Konzert für zwei Klaviere, zusammen mit Justus Franz, den ich einige Jahre zuvor ja schon in Hohenlimburg erlebt hatte. Höchst amüsant und von den Chorbänken aus gut zu sehen war auch, wie Herbert von Karajan immer, wenn er die Bühne verließ – und sei es nur für die halbe Minute bis zum nächsten Applaus –, an der Bühnentür von seinem alten, klapprigen persönlichen Assistenten in einen edel bestickten Morgenrock gehüllt wurde. Ob er tatsächlich in seiner privaten Garderobe goldene Wasserhähne hatte, wie behauptet wurde, weiß ich nicht.

In meinem zweiten Berliner Jahr zog ich, wieder zur Untermiete, in ein Zimmer bei einer Gräfin von Steinhorst, auch in Dahlem. Das war ein wahrhaft gräflicher Haushalt, jenseits all dessen, was ich mir hätte vorstellen können. Mit Haushälterin, Putzfrau, Gärtner und Teegesellschaften. Die Gräfin vermietete nicht etwa aus finanziellen Gründen, übrigens grundsätzlich nur an Schülerinnen der Krankengymnastikschule, sondern weil sie etwa die Hälfte des Jahres auf Reisen war oder sich an ihrem zweiten Wohnsitz, in Pontresina im Engadin, aufhielt. Sie wollte gern, dass ständig jemand im Haus schlief; es gab zwar eine

Alarmanlage, mit der ich nicht nur einmal in Konflikt geriet, und die Haushälterin kam täglich, aber sie schlief nicht im Haus. Ich durfte, bis auf den privaten Bereich der Gräfin, das ganze Haus nutzen, wenn sie nicht da war und auch Freunde einladen. Der große Swimmingpool im Garten war für eine begeisterte Schwimmerin wie mich ein wahrer Glücksfall.

Hielt die Gräfin sich in Berlin auf, eher im Winter als im Sommer, so gab sie regelmäßig Teegesellschaften. Ihr Lebensgefährte war ein bekannter Schauspieler, zu dieser Zeit am Schillertheater engagiert. Daher nahmen an solchen Gesellschaften häufig auch andere bekannte Schauspieler teil, und als Samuel Beckett „Warten auf Godot" am Schillertheater inszenierte, verkehrte er im Hause von Steinhorst. Wenn ich Zeit und Lust hatte, durfte ich bei diesen Teegesellschaften bedienen, streng gebrieft und kontrolliert von der Haushälterin, mit der ich mich ansonsten prima verstand. Oft knüpften wir gemeinsam an ihrem riesigen Teppich, den sie zu diesem Zweck in der Halle bei der Gräfin deponieren durfte. Zu Hause hatte sie dafür nicht genügend Platz.

Inzwischen hatte ich mein Staatsexamen abgelegt und arbeitete im Auguste-Viktoria-Krankenhaus in Schöneberg. Teile des Hauses waren uralt, z. T. mit 20-Betten-Zimmern, aber es gab auch einen hochmodernen Neubau, der die zentrale Berliner Station für schwerverletzte Brandopfer beherbergte. Meinen Einsatz auf dieser Station beendete ich auf eigenen Wunsch nach einigen Wochen. Der Anblick der Betroffenen, in Verbindung mit meinem für sie extrem schmerzhaften Mobilisierungsauftrag, war auf Dauer zu viel für mich.

Ich wechselte in eine orthopädische Praxis, an der das Bemerkenswerteste der Vertreter des Chefs war. Fritz war auch Orthopäde und hatte mit seinem Arbeitgeber, ein Krankenhaus in Britz, ausgehandelt, dass er immer mal wieder Vertretungen in Praxen übernehmen durfte, um auch diesen Teil des Berufes kennenzulernen. Wir verstanden uns auf Anhieb, verloren uns dann aber etwas aus den Augen, bis er ca. zwei Jahre später plötzlich bei mir vor der Tür stand und mir anbot, mit ihm gemeinsam eine Praxis für Orthopädie und Physiotherapie zu eröffnen. Mit ihm zusammen zu arbeiten konnte ich mir gut vorstellen, in die Selbständigkeit zu gehen eher nicht. Das lag u. a. daran, dass ich zu diesem Zeitpunkt schon mit Rainer zusammen war und wir locker ins Auge fassten, Berlin in den nächsten Jahren den Rücken zu kehren. Also stellte Fritz mich an, und wir richteten die Praxis, gemeinsam mit seiner Frau Ella, ein. Auch Rainer stieß später noch für ein paar Monate dazu. Es war eine tolle Zeit; wir arbeiteten unglaublich viel, und damit wir wegen des späten Feierabends nicht verhungerten, lud Fritz uns meistens zum Essen ein. Besuchte ich ihn zu Hause, begrüßte er mich gewöhnlich mit dem Satz: „Dein Essig steht schon im Kühlschrank." Er, der Weinkenner und Liebhaber, trank keine staubtrockenen Weine, wie ich sie mochte. An den Wochenenden waren wir gerne mit seinem Segelboot auf dem Wannsee unterwegs.

Nach diesem kleinen zeitlichen Vorgriff komme ich zurück in die Praxis Kremer, von wo aus ich in das Krankenhaus am Urban wechselte. Dort arbeiteten schon zwei ehemalige Mitschülerinnen, mit denen ich befreundet war, und wir erweiterten unseren Freundeskreis um einige neue Kolleginnen und Kollegen. Dort lernte ich auch Rainer, meinen späteren Ehemann kennen, der während einer Fortbildung in Sportphysiotherapie stets weibliche, weil an den Beinen weniger behaarte „Opfer" für sein praktisches Training im Tapen suchte. Alle zusammen spielten wir donnerstags Volleyball, um uns danach bei „Tasso", unserer griechischen Stammkneipe in Kreuzberg, die Bäuche voll und die Nächte um die Ohren zu schlagen. Mit dieser lustigen Truppe fuhren wir an (verlängerten) Wochenenden immer mal aus Berlin raus, vorzugsweise nach Amrum.

Nach Umwegen über Moabit und einer nachhaltig prägenden Wohngemeinschaftserfahrung in Kreuzberg wohnte ich inzwischen, zunächst allein, später mit Rainer, in Neukölln. Im Neuköllner Rathaus heirateten wir am 3. 4. 1980, nach einem rauschenden Polterabend, der zugleich Abschiedsfest war und in der Praxis von Fritz stattfand. Im Frühsommer 1980 zogen wir in den Odenwald.

TRANSIT

Das Kapitel Berlin möchte ich nicht abschließen, ohne vorher auf einige Erlebnisse einzugehen, die im Zusammenhang mit der Insellage Berlins stehen. Zur Erinnerung: Die Mauer fiel erst 1989, so dass ich in meiner Berliner Zeit ausreichend Gelegenheit hatte, mit der ostdeutschen Volks- und Grenzpolizei Bekanntschaft zu machen. Heute kann man sich das kaum mehr vorstellen: Die Grenzen der DDR, die zu der Zeit noch Ostzone genannt wurde, waren strenger bewacht als jede andere Grenze, über die ich je gegangen bin. War man im Transit unterwegs, reiste immer ein ungutes Gefühl mit. Zu oft hatte man von der Willkür der Grenzbeamten gehört, und in der Tat: freundliche habe ich nie getroffen.

Das erste Erlebnis hatten Gerlinde und ich bereits, als wir mit ihrer vollgepackten Ente unseren Umzug nach Berlin realisierten. Gepackt hatte Gerlindes Vater, ein wahrer Spezialist, der wirklich jede Ecke optimal auszunutzen wusste. So ein bepacktes Auto erschien den Grenzern natürlich verdächtig, und sie hatten nichts Besseres zu tun, als uns alles ausräumen zu lassen. Verbotenes war dabei nicht ans Licht gekommen, aber wir hatten unglaubliche Mühe, alles wieder in den Wagen zu packen, auch noch unter Zeitdruck, weil wir schnellstmöglich den Abstellplatz räumen sollten. Allein die Blicke der Grenzer hätten schon töten können, aber unsere vermutlich auch.

Als ich erstmals allein mit dem Auto unterwegs war, folgte ich auf der Autobahn nicht dem Abzweig „Berlin, Hauptstadt der DDR" – ich wollte schließlich nach West-Berlin! Ich bemerkte meinen Irrtum und wendete kurzerhand mit rasend klopfendem Herzen. Möglich war der U-Turn nur, weil es zwar einen Mittelstreifen gab; den konnte man allerdings überfahren.

Zur Abwechslung mal wieder mit dem Zug unterwegs nach Berlin, zeigte ich meinen Reisepass vor. Der Grenzer fing sofort an, mich böse zu beschuldigen, dass das nicht mein Pass sei und machte einen furchtbaren Aufstand, immer den knurrenden Hund an seiner Seite. Leider hatte er recht. Ich war auf dem Hinweg mit Gerlinde im Auto nach Westdeutschland gefahren, und wir hatten unbemerkt unsere Pässe vertauscht. Die Mitreisenden kamen mir zur Hilfe, und gemeinsam konnten wir den Beamten davon überzeugen, dass das Ganze ein Versehen und kein Verbrechen war. Er stellte mir für viel Geld einen behelfsmäßigen Reisepass aus, und ich durfte weiterreisen. Mein Personalausweis nützte übrigens gar nichts.

Den Vogel schoss Rainer ab, als er auf die obligatorische Frage der Grenzer „Haben Sie Waffen, Munition, Funkgeräte?" zurückfragte: „Braucht man das hier?" Sie verstanden überhaupt keinen Spaß und ließen uns zur Strafe längere Zeit auf einem Abstellplatz stehen, jedoch ohne dass es Folgen gehabt hätte.

Wie angenehm war da das Fliegen! Als Bürger mit erstem Wohnsitz in Westdeutschland und Arbeits- oder Ausbildungsplatz in Berlin, hatte man in den ersten zwei Jahren Anspruch auf insgesamt acht kostenlose Heimflüge, die ich natürlich alle in Anspruch nahm.

ODENWALD

Freiwillig bin ich im Mai 1980 nicht in den Odenwald gezogen. Aus Berlin raus schon; wir wollten unsere gewünschten Kinder nicht in der Großstadt aufwachsen lassen, und Hinterland hatte West-Berlin zu der Zeit bekanntlich noch nicht wieder. Ich wäre am liebsten an die Nordsee gezogen, Husum war mein Favorit, während Rainer gern zurück an den Bodensee, wo er herstammte, gegangen wäre. Wir einigten uns darauf, wenigstens nördlich der Mainlinie zu bleiben, aber das gute Jobangebot aus B. K. bestimmte letztendlich die Entscheidung.

Ich habe lange gebraucht, heimisch zu werden, war ich doch noch nie besonders gut darin, Kontakte zu knüpfen. Im Laufe der Zeit kam ich dann auch innerlich hier an; 18 Jahre später unternahm ich allerdings noch einen letzten Anlauf, nach Berlin zurückzukehren. Das haben meine Kinder mit vereinten Kräften und Überzeugungsarbeit zu verhindern gewusst.

Nicht nur, aber auch durch die Kinder lernte ich neue Leute kennen, und es wuchs langsam ein Freundeskreis heran; Kirchenchor, Gemeindearbeit und Badminton, **der** Familiensport schlechthin, taten ein Übriges. Unsere drei Söhne wuchsen inmitten kleinstädtischen, ja, eigentlich dörflichen Lebens auf und hatten alle Freiheiten, draußen unterwegs zu sein, wo immer es sie hinzog. Meinen Beruf musste ich nie aufgeben, auch wenn ich phasenweise gezwungen war, wegen mangelnder Kinderbetreuung deutlich zu reduzieren. Die Kindergartenzeiten waren damals nicht einmal mit einer halben Arbeitsstelle kompatibel, und Familie vor Ort hatten wir nie. Beide Omas wohnten mehrere 100 Kilometer entfernt. Zum Glück war ich in einer Physiotherapie-Praxis ganz in der Nähe beschäftigt, was zwei große Vorteile hatte: Praxistätigkeit kann man sich weitestgehend frei einteilen; auch abends, wenn Rainer zu Hause war, konnte ich so arbeiten, und die geringe Entfernung machte es den Kindern außerdem möglich, mich bei unvorhergesehenem Unterrichtsausfall o. ä. jederzeit zu erreichen. Wir trafen fast immer alle zum gemeinsamen Mittagessen zusammen, denn auch Rainer konnte in seiner Mittagspause nach Hause kommen, und Nachmittagsunterricht war noch die Ausnahme.

Nach der Trennung von Rainer bin ich nun schon seit 20 Jahren neu liiert und 14 davon glücklich in zweiter Ehe verheiratet. Ich habe drei liebenswerte Patchwork-Kinder hinzugewonnen und dazu einen Patchwork-Enkel.

Heute arbeite ich – offiziell berentet – stundenweise in meinem Beruf als Pysiotherapeutin und genieße es, Zeit zu haben für meine Interessen. Dazu gehört auch, dass ich mich seit zehn Jahren ehrenamtlich in der Notfallseelsorge/Krisenintervention engagiere.

Meine Söhne sind längst aus dem Haus und gehen ihre eigenen, aus meiner Sicht sehr passenden Wege. Fünf wunderbare Enkelkinder haben sie mir geschenkt, das sechste erwarten wir in einigen Wochen, und so geht das Leben weiter …

WAS ES IST

Es ist Unsinn - sagt die Vernunft
Es ist was es ist - sagt die Liebe
Es ist Unglück - sagt die Berechnung
Es ist nichts als Schmerz - sagt die Angst
Es ist aussichtslos - sagt die Einsicht
Es ist was es ist - sagt die Liebe
Es ist lächerlich - sagt der Stolz
Es ist leichtsinnig - sagt die Vorsicht
Es ist unmöglich - sagt die Erfahrung
Es ist was es ist - sagt die Liebe

E. Fried

11 EPILOG

Vor gut vier Wochen habe ich angefangen zu schreiben … angetrieben von den Geburtswehen, ursprünglich für mich selber, dann hatte ich meine Nachkommen im Sinn. Je länger ich schrieb, desto mehr wuchs in mir der Wunsch, auch anderen Menschen die Chance zu geben, mich auf meiner Flussreise zu begleiten. Nun ist daraus ein Buch von der Art entstanden, wie ich es gerne gelesen hätte.

Alles ist von ganz allein aus mir herausgeflossen; ich habe lediglich versucht, ein wenig Ordnung hineinzubringen. Nun fühle ich mich erleichtert und erfüllt zugleich.

Vor einem halben Jahr durchlief ich als Teilnehmerin in einem Seminar meinen persönlichen Lebensintegrationsprozess bei Wilfried Nelles in der Eifel (Nelles-Institut für Phänomenologische Psychologie). In dieser Aufstellungsarbeit zeigte sich: Es ist alles da. Das war der Satz, mit dem ich nach Hause gefahren bin, vielleicht etwas enttäuscht, weil ich mir ein ausführlicheres Ergebnis gewünscht hätte.

Mit dem Abstand von sechs Monaten und im Rückblick auf das, was sich seither zeigt, weiß ich: Genau so ist es; es ist alles da, genau wie ich selber einfach da bin. Es gibt nichts mehr zu suchen, zu klären, zu schützen, zu verbergen, zu erreichen, und das fühlt sich unglaublich gut an. Was kommt, das kommt, ohne mein Zutun – es ist was es ist, sagt Erich Fried.

Mir kommt dabei in den Sinn, dass dieser Satz: „Es ist alles da" vor mehr als 30 Jahren schon einmal in mir aufgestiegen ist. Es war in Assisi, in der kleinen, typisch rustikal umbrischen Chiesa Santo Stefano aus dem 12. Jahrhundert. Nichts lenkte den Blick ab, die fast nackten Steinmauern im Inneren strahlten eine große Ruhe aus. Ich sah auf das Kreuz über dem Altar; immer wieder wanderten dichte Wolken darüber hinweg. Durch das Fenster über dem Eingangsportal fiel Licht auf das Kreuz, und ich vergewisserte mich, dass draußen nach wie vor die Sonne von einem wolkenlosen Himmel schien. Lange blieb ich sitzen, und der Christus am Kreuz schien mir zu sagen: „Egal ob du mich siehst oder ob ich hinter Wolken verschwinde, es ist alles da." Mich hat das damals sehr ergriffen, und doch ist der Moment bis heute in der Versenkung verschwunden gewesen. Es hat mich ergriffen, nur habe ich mich nicht wirklich ergreifen lassen. Das Wissen jedoch war immer in mir: Es ist alles da.

Ich habe zunehmend den Eindruck, dass es so etwas wie ein universelles Wissen, vielleicht Naturgesetze oder Weisheit – ich finde im Augenblick kein geeigneteres Wort – gibt, etwas das gleichzeitig in und um uns ist. In manchen Momenten, die ich spirituell nenne, erleben wir plötzlich einen Zugang, eine Verbindung mit diesem Wissen. Wir neigen dazu, es Zufall zu nennen und abzutun. Doch ist Zufall nicht immer etwas, was wir gerade jetzt und gerade so nicht erwartet haben, und ist es nicht einfach ein Moment der Anbindung an universelles Geschehen? So erklären sich zumindest mir die überlieferten Zeugnisse und Schriften von Menschen aus allen Jahrhunderten, die eine, ich möchte es fast ewige Gültigkeit nennen, haben. Und so verstehe ich auch das, was in der Phänomenologischen Aufstellungsarbeit geschieht und was es für so viele Menschen, die nur davon hören, in die Nähe von „Spökenkiekerei" rückt: Menschen, die als Stellvertreter für Anliegen oder Anteile desjenigen, der aufstellt, benannt sind, die keine Informationen über die konkreten Lebenszusammenhänge des Aufstellenden haben und doch in traumwandlerischer Sicherheit sehr häufig mit ihren Wahrnehmungen die richtige Richtung weisen, sind angebunden an diese universelle Weisheit.

Der Prozess des Schreibens hat mir deutlich gemacht, dass das, was ich in der Einleitung die Verknüpfung loser Enden nannte, noch viel mehr ist: Alles ist ineinandergefallen. Alles ist mit allem verbunden, und auch ich bin mit allem verbunden; eine stille Freude, Leichtigkeit und Gelassenheit breiten sich in mir aus … während in Deutschland einmal mehr große Corona-Aufregung herrscht: Die dritte Welle ist auf dem Vormarsch.

Bad König, im März 2021

Die Autorin

Brigitte Romer-Schweers, geboren 1955 am Rande
des Ruhrgebiets, wächst mit drei jüngeren Brüdern
in einer Lehrerfamilie auf. Nach dem Abitur lässt
sie sich in Berlin zur Physiotherapeutin ausbilden.
Mit 25 Jahren heiratet sie und zieht mit ihrem
Mann in den hessischen Odenwald. Sie bringt
drei Söhne zur Welt und arbeitet frei in einer
Praxis. Im Jahr 1998 entschließt sie sich zu einer
weiteren Ausbildung: Sie wird Heilpraktikerin für
Psychotherapie. Einige Zeit ist sie selbstständig
tätig, danach als Therapeutin in der Akutgeriatrie.
Außerdem engagiert sie sich seit 2010
ehrenamtlich bei der Notfallseelsorge/
Krisenintervention und der Einsatznachsorge
für Rettungskräfte. Brigitte Romer-Schweers ist
in zweiter Ehe verheiratet und hat neben ihren
leiblichen Söhnen drei Stiefkinder und sechs Enkel.
In ihrer Freizeit liebt sie es, zu reisen, zu lesen, zu
schwimmen, zu radeln, zu nähen und zu gärtnern.

novum VERLAG FÜR NEUAUTOREN

Der Verlag

*Wer aufhört
besser zu werden,
hat aufgehört
gut zu sein!*

Basierend auf diesem Motto ist es dem novum Verlag
ein Anliegen neue Manuskripte aufzuspüren, zu ver-
öffentlichen und deren Autoren langfristig zu fördern.
Mittlerweile gilt der 1997 gegründete und mehrfach
prämierte Verlag als Spezialist für Neuautoren in
Deutschland, Österreich und der Schweiz.

**Für jedes neue Manuskript wird innerhalb
weniger Wochen eine kostenfreie, unverbind-
liche Lektorats-Prüfung erstellt.**

Weitere Informationen zum Verlag und
seinen Büchern finden Sie im Internet unter:

w w w . n o v u m v e r l a g . c o m